浙江省自然科学基金（项目批准号：Y5100215）

乡镇乐器专业化产业区的变迁与升级研究

朱华友　等著

经济科学出版社

图书在版编目（CIP）数据

乡镇乐器专业化产业区的变迁与升级研究/朱华友等著.
—北京：经济科学出版社，2012.6
ISBN 978 - 7 - 5141 - 2096 - 7

Ⅰ.①乡…　Ⅱ.①朱…　Ⅲ.①乐器制造 - 制造工业 -
乡镇工业发展 - 研究 - 中国　Ⅳ.①F426.89

中国版本图书馆 CIP 数据核字（2012）第 139852 号

责任编辑：李　雪
责任校对：徐领弟　苏小昭
责任印制：邱　天

乡镇乐器专业化产业区的变迁与升级研究
朱华友　等著
经济科学出版社出版、发行　新华书店经销
社址：北京市海淀区阜成路甲 28 号　邮编：100142
总编部电话：88191217　发行部电话：88191537
网址：www. esp. com. cn
电子邮件：esp@ esp. com. cn
北京季蜂印刷有限公司印装
710 × 1000　16 开　14.5 印张　220000 字
2012 年 6 月第 1 版　2012 年 6 月第 1 次印刷
ISBN 978 - 7 - 5141 - 2096 - 7　定价：45.00 元
（图书出现印装问题，本社负责调换。电话：88191502）
（版权所有　翻印必究）

前　　言

　　产业集聚是工业发展永恒的话题，但是对产业集聚的研究只有 100 多年的时间。马歇尔是最早关注工业集聚现象的经济学家，他在其 1890 年出版的《经济学原理》中研究了类似的小企业在地理上集中并伴随着外部性的地方化产业集聚，他将外部经济的概念引入到空间，但没有明确给出"产业区"的概念。产业区研究热潮的掀起源于 20 世纪 70 年代末的意大利社会学家巴那斯科（Bagnasco）"第三意大利"概念的提出，后经别卡提尼（Becattini）将"第三意大利"的发展模式与马歇尔在英国观察到的"产业区"进行比较，将"第三意大利"模式定义为新产业区。与此同时，与产业区相似的概念也相继被提出，如产业集群。产业集群概念一般认为来自波特（Porter）1998 年提出的"一组从事相同或相似行业的企业在地理上集中，并具有产业间联系和互动的产业组织形式"。在我国，一些研究对"产业区"、"新产业区"和"产业集群"，包括专业镇等概念往往不分。但是，从这些概念的起源、组织特征和空间特征来讲，它们概念是有区别的。

　　本书将我国的乡镇乐器产业集聚称为产业区而不是产业集群，是基于以下想法：一是我国乡镇乐器产业在空间组织上是一种"扎堆"，合作和联系少；二是产业特征是劳动密集型，知识和技能体现少；三是乐器产品和一般的制造品无异，缺少文化艺术产品特征。这些和马歇尔当年研究英国产业区的情况有相似之处：

1842 年，作家狄更斯从英国来到美国的一个工业小城镇，他被那里的一件物品所惊异，那就是钢琴。当然，他的惊异并不是因为那里的钢琴特别便宜或者出奇的昂贵，而是发现钢琴制造工厂内的工人大多为农村招募来的单身女工。更让他惊异的是，当狄更斯来到这些女工休息、生活区，他看到的是她们不仅以阅读报纸杂志作为消遣，而且还以弹奏钢琴作为娱乐的主要内容。①

1850 年以前，这种高档奢侈品，只是在规模不大的工厂里由熟练工人主要用手工方式进行生产，供音乐家与富裕的爱好者享用。自从 19 世纪中叶以后，钢琴产量大增。这既反映了文化市场需求的口味，也显示出了分工协作与机械化生产的威力来。一架钢琴已经不再是一家小而全的自给自足的产品，那几千种零件开始由若干家小厂或作坊去分头制作了。②

从上面的描述中，似乎可以看到现在我国乡镇乐器生产的影子，似乎有马歇尔所提的产业区的痕迹。

我国关于产业集聚的研究很多，涉及很多产业。但是关于乐器产业集聚方面的研究少。主要原因一是中国乐器产业的发展历史短，影响小。特别是在当前政府追求 GDP 扩张的情况下，乐器产业由于 GDP 小而不被重视；二是尽管群众对乐器学习的认识和追求越来越多，但总的来看还不能和发达国家相比。收入的差距决定了很多人在购买乐器时更多地关注价格因素，高端乐器往往备受冷落。

鉴于乐器产业在区域经济社会发展中的特殊意义，如让消费者陶冶艺术情操、提高素质、对相关服务行业如教育、培训、演出等活动具有拉动效应、为社会提供了很多潜在的就业岗位等，也考虑到我国乐器产业在乡镇发展的特点，我和我的学生（俞国军、吕飞、沈璐、肖惠天、姚思佳、

---

① 洛秦.《钢琴的故事》.上海音乐学院出版社，2004.75.
② 辛丰年.《钢琴文化300年》.三联书店，1995.51－52.

陈庆、武志强、谢维、陈玲、杨红、沈美丽）对我国乡镇乐器产业区的变迁和升级进行了研究①，旨在为乐器产业的更好发展服务。本书从全球乐器制造业的生产格局和价值转移出发，分析了我国乐器产业在全球价值链中的位置和影响。研究了新中国成立以来我国乐器制造业空间格局的演变情况，揭示其演变机制，在此基础上分析我国乡镇产业区的空间分布格局和形成特点。然后，重点分析了浙江洛舍钢琴产业区等8个乡镇乐器产业的变迁过程、变迁特征和存在问题。再次，从集群合作行动的视角研究了浙江洛舍钢琴产业的发展，从技术创新扩散的视角研究了江苏溪桥小提琴产业区的升级路径，从产业联动的视角研究了扬州古筝产业区的升级路径。

作者

2012 年 5 月

---

①　北京大学王缉慈教授给予了全面指导。北京大学马铭波博士参与了部分调研。

目　　录

绪　　论

第一节　研究背景

一、我国乐器制造业的迅速发展

制造业是富民强国的基本手段，是提升国家和地区竞争力的能量源泉。它提高第二产业占国内生产总值的比重，增加第二产业在就业人口中的比例。同时，它还促进人均收入增加、生产方法和产品式样创新、资本经营规模扩大、城市化水平提高。因此，世界各地都把加快制造业的发展和增长，放在十分重要的位置。目前，我国正处于新型工业化阶段，制造业在国民经济中一直处于极为重要的地位，并已成为世界制造大国。联合国工业发展组织的统计资料显示，2009 年我国制造业已名列全球第二，仅次于美国。在世界工业生产总值中份额居前三位的是：美国占 19%，中国达 15.6%，日本为 15.4%。但是我国制造业长期以来被锁定在基于低成本的比较优势认知上，中国公民并没有享受"中国制造"的实惠（王缉慈，2009）。

乐器制造业是文化用品制造业中的一个主要分支，其生产属劳动密集型，是生产、技艺与艺术的结合产物。我国乐器产业经过 20 多年的发展，目前已经成为世界第三大乐器生产国，仅次于美国和日本，乐器产业整体水平有了非常大的提高，中国的乐器行业已经成为一个品种门类齐全，配套完备的乐器工业体系。

目前我国乐器经济呈现多元化发展态势，各种经济类型的乐器生产企业都有，国有、民营、外资齐头并进，并且形成多个乐器产业集群。除在北京、上海、广州、营口、青岛等城市发展了一些较大的企业之外，在农村工业化基础上形成了很多专业化产业区。2010 年乐器行业规模以上生产企业分布国内 17 个省和直辖市，工业总产值达到 10 亿元以上的有广东、山东、天津、浙江、江苏、河北等六个省市区，完成工业总产值 186.48 亿元，占整个乐器行业总产值的 84.46%，企业数量 234 家，占国内规模乐器企业总数的 72.67%。2010 年各省市乐器生产企业工业总产值均比上年有所增长，增长速度最快的是湖北、黑龙江、陕西、河北，分别增长 84.71%、56.04%、47.61%、37.89%。截至 2010 年底，我国已经命名乐器产业基地有三个：一是江苏省泰兴溪桥镇的"中国提琴产业之都"；二是山东昌乐县鄌郚镇的"中国电声乐器产业基地"；三是 2009 年 12 月份命名的"北京东高村镇提琴产业基地"。此外还有浙江洛舍镇的钢琴产业集群、天津静海西洋乐器产业集群、苏州渭塘琴弓产业集群、苏州二胡产业集群、扬州古筝古琴产业集群。我国乐器出口世界 166 个国家，占全世界所有国家比例的 80.97%，已经覆盖世界六大洲的大部分国家，成为名副其实的世界第一大生产国和最大乐器市场。

自改革开放以来，我国乐器制造业，如钢琴、小提琴等，以沿海地区生产为主，出现了很多中国特色的现象：（1）很多乐器生产在乡镇进行，农民成为乐器生产的主力军，缺少政府支持。如北京东高村镇的农民就

"放下锄头，拉起小提琴"，浙江的洛舍镇成为了钢琴小镇；（2）从原材料初加工发展起组装生产，不掌握关键技术。例如从木材加工发展成钢琴产业，从金属加工发展成铜管乐器产业，例如洛舍镇的钢琴企业有 40 多家，但关键零部件——击弦机来自宁波东方公司；（3）产业区缺乏人才，走低端道路。如小提琴生产，在意大利制造小提琴要经过四年的培训，生产数量很少，生产演奏琴。而中国扬州泰兴的溪桥镇一年生产数万把，农民培训一个月就可以生产。这些产品是普及型练习琴，主要满足低端市场的需要；（4）一些生产污染严重。如山东潍坊的高密市的韩国吉它生产；（5）缺少品牌，多是贴牌生产，产品附加值低；（6）企业之间形成"扎堆"却缺少联系，甚至"逐底竞争"。在很多情况下，企业之间的合作只是偶然的，甚至不存在。通常企业家在很近的地理范围内一起生活和工作，却很少共享信息和讨论技术问题。

因此，乐器制造业转型升级的紧迫性日益凸显，成为理论和实践关注的热点。

二、专业产业区发展路径的分岔

自改革开放以来，以数十个甚至千百个中小企业组成产业区并从事专业化生产，通过分工而获得经济优势的现象在我国非常普遍。从地理分布来看，沿海省份甚密，中小城镇明显，甚至出现在很多乡村。从产业门类来看，以消费品产业为主，甚至包括商品农业。无论在产业区的数量、产业区内企业数量，还是产业区的产值等方面，均曾经呈现较快的增长。产业区的发展对中国经济的贡献巨大，对提升企业竞争力和帮助企业融入全球化都发挥了积极作用。然而，我国产业区缺乏创新性，与意大利式产业区存在很大的差距。我国的专业化产业区主要建立在灵活的劳动力市场和降低成本的基础上，外部环境的变化迫使产业区的发展面临选择。近两年来，《劳动合同法》的实施、生产成本上升、部分产业区劳动力短缺等问题渐显，尤其是在世界金融危机中，那些以出口导向为主、产品附加值低的产业区遭遇前所未有的挑战。企业倒闭、异地迁移还是就地升级？如何提高企业的抗风险能力？一些企业减少对外贸市场的过度依赖，转而注重开发本土市场的潜在需求，这是否有利于本土企业的升级？需要培养什么样的组织能力和技术能力？中国产业区的发展出路何在？

对于产业区变迁的方向路径存在路径分岔的现象：一些产业区内企业分工深化，互动学习增加，从而形成创新型产业区，产业区升级；另一些无序的非创新性中小企业集聚区内，发展较好的中小企业被跨国公司或其他大企业兼并，产业区形态消失；还可能有第三种情况，即企业相继倒闭或转移，产业区衰退。那么，产业区变迁的路径分岔是如何产生的？产业区内技术创新扩散又是如何进行的？产业区又是如何进行联动发展的？

产业区的变迁同演化在时空上具有相似性就空间方面而言，产业区在空间上的变迁即为空间演化。产业区变迁研究中将产业区的起源归于要素禀赋，而演化经济研究中将产业区的起源归于"惯例"（fitter routines）（Sacconi L.，2000），即经验知识和潜在的知识。就时间序列而言，产业区变迁与演化亦有相通之处，表现在演化中的路径依赖和锁定效应上。因此著作借用演化的思想来分析产业区变迁。

第二节　研究意义

一、研究有利于揭示我国乡镇乐器产业区的变迁特征

首先，服装、鞋、帽、家具、玩具、伞具、渔具、文具、珠宝等大量消费品都有时尚（fashion）和普通用品之分，其价值相差数十倍甚至更多，乐器也一样，分为演奏家用的和练习者用的不同档次。中国大量承接了国际产业转移，发展了低档产品的大批量生产。在我国，乐器产业既属劳动密集型和资源消耗型产业，又具有技术、工匠技艺与艺术的结合的特征。

其次，在很多乡镇，少数领先企业家创业并抓住了机遇，中小企业成

长起来，"大量游击队企业家进入配套服务"（李新春，2002），从而形成了"一村一品"、"一镇（乡）一品"的产业区现象。

与生产其他消费品的产业类似，乐器产业在承接国际产业转移的同时，除在北京、上海、广州、营口、青岛等城市发展了一些较大的企业之外，在农村工业化基础上形成了很多乡镇专业化产业区。例如，在中国的提琴之乡江苏省泰兴市溪桥镇，聚集着众多小提琴制作企业，包括世界上最大的小提琴制作工厂。5000 多个做提琴的能工巧匠，全镇 30% 以上的劳动力从田间地头走进了生产车间，从事与提琴产业相关的工作。根据网上不完全的搜索，可发现全国乡镇乐器产业区分布广泛，如主要生产铜管乐器的有天津静海蔡公庄镇、中旺镇、子牙镇；廊坊安次葛渔城；主要生产钢琴的有浙江德清洛舍镇；主要生产小提琴的有江苏扬州泰兴溪桥镇、北京平谷东高村镇；主要生产吉他的有山东潍坊长乐乔官镇、昌乐市鄌郚镇；主要生产民族乐器的有河南兰考（古筝等乐器的面板泡桐原料供应）、陕西杨陵上川口村（铜鼓）、山东郯县、扬州（古筝）、苏州（二胡）等。

实际上，溪桥镇小提琴产业的成长史也是乡镇企业发展历程的一个生动样本，同样经历了城乡联营、工贸联营、中外合资、企业改制等过程。

二、有利于揭示我国乡镇乐器产业区分工和合作的格局

改革开放以来，随着国内外市场的开发，钢琴、小提琴、铜管乐器等乐器的制造业企业迅速发展。我国的国有企业在改制过程中选择了与外国企业合资，例如北京星海钢琴厂与日本合资建立星海卡瓦依、与加拿大合资建立海兹曼公司。跨国公司纷纷在我国投资，将生产环节转移到我国，例如日本雅马哈在杭州萧山建立了杭州雅马哈（生产铜管乐器）和萧山雅马哈（生产钢琴和吉他）两家分公司，韩国英昌在天津设立了大型工厂。与此同时，民营企业逐渐成长，例如钢琴行业中的宁波海伦、杭州嘉德威等脱颖而出，海伦请外国专家研发专业型大型三角钢琴，并通过参加央视钢琴比赛等提高知名度；嘉德威则参与钢琴标准制定，实施 ERP 企业管理；此外，南京摩德利、福州和声等民营钢琴企业都加强了研发和设计，

并提高内销比例。宁波东方琴业有限公司生产的击弦机的质量已经得到多数钢琴企业（包括雅马哈等外资企业）的认可。可以看出，与其他消费品产业类似，外国的跨国公司、我国的国有企业和乡镇的个体企业并存，形成了复杂的分工和合作的格局。这种格局对我国乡镇乐器产业区的空间布局也产生了重要影响。几种格局交互并存，互相影响。

三、有利于揭示乐器产业在区域经济社会发展中的特殊意义

乐器在生产、消费、服务等环节中有独特魅力的文化内涵，让消费者陶冶艺术情操，提高素质。乐器不同于一般的消费品，消费者购买乐器后要经过培训才能使用。因此乐器的制造对相关服务行业如教育、培训、演出等活动具有拉动效应。同时，为社会提供了很多潜在的就业岗位。乐器与电子信息业、新材料业、物流业、环保业、研发和设计行业以及旅游业紧密联系。发展乐器产业能扩大内需，拉动经济增长。与发达国家相比，中国的乐器普及率很低，市场潜力很大。

在一些国家和地区，乐器产业集聚现象受到了学者和政府的很大关注。例如美国哈佛商学院的波特在《国家竞争优势》中就以日本滨松电子琴为例，说明了产业集聚对产业创新和升级的影响（Porter，1990）。在我国台湾的台中县后里乡，萨克斯管产业在台湾工研院机械所的指导下，把过去分散的业者组成产业联盟（Saxhome），将萨克斯管300多个零件生产规格化、标准化，并在关键零部件上进行技术创新，实现了产业升级。音乐爱好者汇集在乐器之乡后里，形成集体品牌意识，还拓展出爵士鼓、长笛等产品，形成了浓厚的萨克斯风的氛围。"后里乐器家族"已经列入台湾"经济部工业局"、"地方群聚产业辅导计划"。

目前仅在《中国乐器》、《广东乐器》等杂志以及中国乐器网等网站上有一些概述类、综述类的文章，其研究没有得到应有的重视。其主要原因，一是地方政府过于追求国内生产总值（Gross Domestic Product，GDP）扩张，从而忽视产生国内生产总值较小的乐器制造业。二是由于体制分隔等多种原因，科技部、发改委等都没有重视其技术创新和升级问题。因

此，选择乐器生产的专业化产业区为例，对农村工业化过程中的劳动密集型专业化产业区进行深入研究，具有十分重要的意义。

四、有利于发现我国乡镇乐器产业区的问题和变迁路径

我国乡镇乐器产业区在发展和演化中存在诸多问题，可以看出我国的乡镇专业化产业区面临的挑战是十分严峻的。在一些产业区中，未来企业数量可能会减少，企业规模结构会变化，创新型企业会成长壮大；然而在另一些产业区中，企业可能会在本地改行、转产，也可能会转移到成本更低的地方去等等，产业区所在的乡镇也会发生变迁。在乐器行业，在国际竞争压力下，我国的原有国有企业面临极大的升级压力，在农村工业化基础上的我国乡镇乐器产业区的企业更是面临"自生自灭"的危险，尽管在一段时间内这些企业受到了国内外零散经销商的青睐，但从中国工业企业年度财务数据（2007 年）所整理的中西乐器制造（四位数产业编码为2432）数据统计（有的乐器产业区的企业虽然数量较多，但规模太小，并未统计在规模以上的企业统计数据中）来看，我国乡镇乐器生产的工业销售产值占全国工业销售值的比重微乎其微，而出口交货值甚至为零，即使是号称钢琴之乡的浙江湖州德清的洛舍镇也是如此。因此，乡镇乐器产业区的低端道路是难以持续的，产业区的转型升级是必然的。

第三节 研究回顾

一、乐器制造业

乐器在统计中属于文化体育用品。文化体育用品的范畴很广，当前在社会各界并无权威的界定。广义地来说，参照我国《国民经济行业分类》（2002 年修订版）国家标准，它包含了文化用具、文具、体育用具、体育及健身器材、乐器、玩具、礼品、露天游艺器材等。可以分为三个层次，

第一层是"文具"，即传统的笔墨纸砚文具、现代的办公用品、办公设备，也包括高科技产品，如电脑及周边产品、电子词典、语言学习机等；第二层是"体具"，即专门的体育健身类用具，如各项竞技比赛、训练和锻炼健身用的器材及用品、体育场馆、运动场所的设施及器件等，还包括运动防护用具，如运动服、运动鞋、帽、护具等等；第三层是"乐具"，即与音乐相关的各类乐器及配件，以及供娱乐游戏的玩具类、礼品、游艺娱乐设施等等。这是一个非常宽泛的界定，涉及文、教、体、休闲娱乐等日常生产生活的各个方面。狭义地说，文体用品主要集中于文体事业，并包括与之相关的体育产业及体育用品。

世界各国，各地区，各民族都有自己独特的乐器，乐器种类繁多，分类也有不同的方法。随着乐器的不断发展，不同时期对乐器的分类也不同。我国把乐器大体分为民族乐器和西洋乐器，西洋乐器种类分弦乐器、铜管乐器、木管乐器、打击乐器等。其中：弦乐器组分小提琴、中提琴、大提琴和低音提琴（弦贝斯）；铜管乐器分小号、圆号（法国号）、长号、大号；木管乐器分短笛、长笛、双簧管、单簧管、英国管、大管（巴松管）等；打击乐器分定音鼓、三角铁、钹、大鼓、锣、木琴、钢片琴等。民族乐器种类分吹管乐器、弦乐器（胡类）、弹拨乐器、打击乐器等。其中：（1）吹奏乐器：如笙、芦笙、排笙、葫芦丝、笛、管子、巴乌、埙、唢呐、箫等；（2）弹拨乐器：如琵琶、筝、扬琴、七弦琴（古琴）、热瓦普、冬不拉、阮、柳琴、三弦、月琴、弹布尔等；（3）打击乐器：如堂鼓（大鼓）、碰铃、缸鼓、定音缸鼓、铜鼓、大锣小锣、小鼓、排鼓、达卜（手鼓）、大钹等；（4）拉弦乐器：如二胡、板胡、革胡、马头琴、艾捷克、京胡、中胡、高胡等。

乐器制造指中国民族乐器、西洋乐器等各种乐器及乐器零部件和配套产品的制造，但不包括玩具乐器的制造。在我国，乐器制造业指的是对民族乐器、西洋乐器等各种乐器及乐器零部件和配套产品进行制造和加工的行业。

国外各类乐器从其产生到现在已经大约都有三四百年的历史了。在这三四个世纪的时间里，西方乐器历经了众多的发展和演变。各主要国家的乐器产业也经历了兴衰起伏。产业的发展具有阶段性，每个阶段具有不同的发展水平，同样乐器产业由于不同阶段发展水平的差异，因此其相关研究的重点具有差异性呈现出不同的特点。

在 20 世纪 60 年代前，乐器产业主要围绕生产工艺做研究。如何提高乐器制造业生产的效率，如何打造优良的品牌成为乐器制造商们重点研究的内容。如 20 世纪最初的十年，钢琴产业因为科技的飞速发展从而巩固和促进了钢琴产业的发展，许多加拿大的钢琴企业很快就采用了来自美国的先进制造工艺。雅马哈公司大约从 20 世纪 60 年代开始，花费了 30 年的时间使雅马哈从一个低端品牌转变成为全球知名品牌（Ying Fan，2006）。

在 20 世纪 80 年代，主要围绕乐器产业变迁进行研究。这一阶段乐器产业技术已经成熟，生产规模已经达到相当水平，此阶段研究的代表有美国的卡尔·博瓦德，其《美国乐器制造业的变迁》的文章论述了美国乐器产业从 20 世纪初到 80 年代初一个阶段的变迁，对于美国乐器产业演变有一个较为详细的介绍（卡尔·博瓦德，1985）。此外，还有学者做了关于《日本的乐器工业》的研究等。这些研究都是从回顾的角度出发来审视前一阶段的发展状况。

进入 21 世纪，关于乐器产业的研究已经进入更加深层的局面。很多专业的人员和投资公司已经进行预测性研究，为企业的社会投资者做决策分析。如美国的第一研究公司（First Research）就是专门做产业市场行情总结和预测的投资公司。2010 年 7 月 12 日分别发表了关于乐器制造和乐器店的两份调查。在中国也有公司、企业或者个人进行着此类调查研究。此外是对乐器产业发展条件的相关研究，第一研究公司（First Research）中关于乐器产业的研究基于美国现阶段经济和社会发展情况，从经济和社会发展等角度分析了乐器产业发展的条件。在《Musical Instrument Manufacture》（乐器制造）中从竞争格局层面指出：需求很大程度上取决于消费者的收入和受教育的人口。个别公司的利润取决于成本效益。许多大的公司通过销售多类产品来获得利润。小公司通过高端和个性化的产品获得高效的竞争。钢琴产业是劳动密集型产业，根据美国第一研究公司（First Research）的调查，2010年每年每个员工的工资大约为13万美元。而从区域及国际问题角度分析发现：进口乐器是美国乐器产业遭受竞争的主要来源，大约占据了美国乐器市场50%的份额。中国是最主要的进口来源国（First Research，2010）。

近年来，外国乐器制造业开始寻求获得发展的有效途径，如何有效利用本国知名乐器品牌并且借助外部优势获得再次发展成为研究重点。如美国施坦威公司决定将在韩国生产的埃塞克斯品牌钢琴转移到中国珠江钢琴公司生产。相似的，另外一家美国钢琴制造公司鲍得温也着手开始在中国建立一个生产公司进行生产（Ying Fan，2006）。此外，日本、韩国已经把全部钢琴生产转向国外，本土钢琴生产不过区区数万架钢琴。日本雅马哈、韩国三益、英昌、世正等几大公司都在中国建立了钢琴生产基地。总的来看，国外关于乐器产业的研究已注重产业转移，寻求世界市场，为本国钢琴产业的发展提供宝贵意见和建议。

二、产业区与产业区变迁

"如何确切理解专业化产业区"是专业化产业区研究中最基本的问题。20世纪70年代末期以来，"产业区"作为经济全球化背景下世界经济发展中最具有活力的区域而受到学术界的高度重视。国外文献通常被称为产业区（Industrial Districts）或产业群（Industrial Cluster）的概念，实际上指的是专业化产业区。在国内，专业化产业区又经常被命名为企业集群，产业集群或产业集聚等，尽管学者在名称上对其定义有所差别，但是其研究对象与研究内容指向是一致的。

英国经济学家马歇尔（Marshall）被公认为是产业区研究的先驱。在《经济学原理》一书中，他把专业化集聚的特定区域称作"产业区"，产业区内集中的是大量相关的小型企业。意大利学者贝卡蒂尼将产业区定义为以同业工人及其企业簇群在特定地域内大规模自然地、历史地形成为特征的地域性社会实体（Bacattini，1990）。巴格拉认为产业区是存在投入产出关系、受共同的社会规范约束、相互之间充满正负两种溢出的中小企业在特定地理区域内高度集中形成的企业网络（Bagella et al.，2000）。我国有学者提出了和制造业内部不同产业的地区产业专业化理论来解释类产品生产企业在特定地理区域内高度集聚的专业化产业区现象（金祥荣、朱希伟，2002）。

对专业化产业区内涵的界定，于光远主编的《经济学大词典》一书认为：在分工的基础上，把一些生产过程、产品制造和工艺加工过程等从原来的部门或企业中分离出来，形成新的部门或企业的过程，就是专业化。专业化产业区是一种同类产业的地域集中，是专业化在产业空间上的表现形式，具有一定的空间区域范畴，是地方产业的专业化。

简而言之，专业化产业区是指以一定的专业产品为主导，相当数量的企业按产业链集聚的地域性社会实体。根据专业化产业区生产动力的不同，可分为两类：一类是嵌入型专业化产业区，即围绕某个或几个嵌入性的、规模较大的企业通过产业带动效应形成的专业化产业区，如以广东东莞为代表的主要由外商投资启动并引进国外先进技术的电子与家电专业化产业区；另一类是原生型专业化产业区，产业区中第一批出现的企业是土生土长的，如浙江省的专业化产业区。

作为中间性体制组织的专业化产业区具有以地方企业集群网络性、地方产业关联性与地方产业组织体系协调性为主要特征的结构性特点。同时，它还具有与产业组织结构特点相关联的资源整合、簇群衍生、分散决策、良性竞争、柔性生产、系统创新、地域品牌、规模经济与外部经济等功能。专业化产业区的结构与功能具有系统性，正是这种系统性使专业化产业区能够发挥它的整体效应与集体效率（傅允生，2005）。

专业化产业区是以企业集群为基础的地方产业集聚现象，因此与区域经济发展有着密切的关系。专业化产业区的生成深受工商业传统影响，并以民营经济为主体，劳动密集型产业为主导，具有市场带动与工贸并举的特色。这使得专业化产业区既是一种产业组织模式，又是区域经济发展的有效途径之一。专业化产业区在区域经济工业化、市场化与城市化的进程中具有重要的地位与独特的效应，对促进县域经济进而推动区域经济发展起到了不可替代的作用。这在工业基础较为薄弱的地区表现得更加明显：专业化产业区的形成加快了区域工业化进程（傅允生，2003），专业化产业区的成长推动了区域市场化进程，专业化产业区的发展促进了区域城市化进程（傅允生，2004）。

专业化产业区通过合作，使中小企业发挥集聚经济效应，弥补了中小企业规模不经济的缺陷；通过竞争，促进了企业的技术创新。它的发展为我国经济腾飞做出了巨大的贡献，在提升我国企业竞争力并融入全球化过程中发挥了积极作用。但在专业化产业区生产模式引领我国现代工业化的发展方向过程中，其弊端日益暴露。再加上剧烈变化的外部环境的影响，我国产业区的发展面临着前所未有的挑战。为了探究我国专业化产业区的发展出路，我国学者提出了以设计为中心、加强技术创新与服务创新的产业区发展战略（王缉慈，2009）和构建专业化产业区循环经济的发展模式（郑亚莉等，2004）等诸多专业化产业区发展模式。

专业化产业区并不是一种静态的结构，而是一个动态的发展过程，处于不断的变迁过程中。因此，在专业化产业区成长的不同时期，会呈现出一些明显的阶段性特征。这一问题已经引起了不少专业化产业区专家学者的关注，并提出了一系列阶段划分方法，主要有以下几种。

第一种是生命周期理论，如同产品存在生命周期，专业化产业区也具有一个从产生到衰亡的过程。第二种是进化理论。范迪克（M. P. van Dijk，1999）基于对发展中国家的实地调研提出了基于进化理论的六阶段成长模型。我国学者汪少华和王慧敏（2003）发现浙江专业化产业区的发展也是一个动态的逐步演进、深化的过程。进化论从经济发展角度分析了专业化产业区从低级向高级进化的阶梯，对于分析发展中国家或地区的专业化产业区具有借鉴意义。第三种是两阶段论。意大利学者布鲁诺（Bruso，1990）根据对产业区干预时间先后将专业化产业区发展分为两阶段：自发成长和机构促进成长的阶段。

虽然从不同的视角分析专业化产业区变迁提出了不同的理论，但是关于专业化产业区从发育到成熟是一段漫长演变的时期的认识还是共通的。现在普遍认为，在专业化产业区发育早期阶段，由于协作网络松散、不稳定等原因，在完成空间集聚的企业之间，企业个体在行为上竞争多于合作；随着时间推移，协作网络成为效率来源后，企业之间的联结得到普遍加强，合作逐渐显现优势效率，推动企业从纯粹空间集中转换为高效的地方产业集群（任晓，2008）。

金祥荣、朱希伟（2002）对多个浙江案例进行了一次历史与理论视角的考察，并探讨了专业化产业区的形成机制。他们在假设任何两个产业的发展都存在产业特定性要素和重叠性要素的竞争，而产业特定性要素在特定地理区域内的生成是该专业化产业区兴起的历史起点，产业特定性要素在特定地理区域内的集聚则引发专业化产业区的兴起与演化。而傅允生（2005）则认为专业化产业区具有自发性与自组织功能，其生成主要在于地域资源禀赋。

总的来说，专业化产业区发展的起源和不同阶段的阶段性特征易于识别与判断，但其内在变迁机制，制约抑合是促进专业化产业区变迁的因素还需要我们不断深入探究，以丰富和完善专业化产业区变迁理论及其实证研究，为更好地指导专业化产业区形成和变迁提供理论支撑。

三、产业升级

在国外，产业升级的正式研究在 20 世纪 90 年代末由格里菲（Gerrifi，1999）等人开始，在此之前人们主要关注"产业结构调整"，如刘易斯的二元结构转变理论、赫希曼的不平衡增长理论、罗斯托的主导部门理论和筱原三代平的两基准理论。格里菲开启了从价值链思路研究产业升级的大门，他认为，一国（地区）的产业被视作全球价值链的一部分，产业升级可以看成该国（地区）的企业以及产业整体在价值链上或者不同价值链间的攀越过程，这个过程不仅仅是统计上的产业结构变迁，更重要的是增加价值获取，以及企业增加值、国家税赋、劳动者收入、企业与国家形象乃至自然环境等一系列条件的改善（Gerrifi，1999）。另外卡普林斯克（Kaplinsky）发展了汉普瑞（Humphrey）等提出的四种产业升级方式：工艺（技术）升级、产品升级、功能升级和价值链间升级（Kaplinsky，2000）。

在我国改革开放之后，市场经济背景下的产业结构问题日益明显，"产业结构"问题成为人们关注与研究的热点，"产业升级"概念由此产生。吴崇伯是国内最早讨论产业升级的学者，他对产业升级的定义是"产业结构的升级换代"，即"迅速淘汰劳动密集型行业转向从事技术与知识密集型行业"（吴崇伯，1988）。这时国内对"产业升级"的理解也是"产业结构的调整"。在国外的价值链思路传入国内后，得到了国内学者的重视，纷纷展开了越来越多的研究，张耀辉从这个思路对"产业升级"概念的内涵进行了阐述，指出了产业结构升级这个传统理解的积极意义，但产业升级的"真正含义应是高附加值产业代替低附加值产业的过程"，并提出，产业升级的过程实质上是产业创新与产业替代的过程，而产业创新是产业升级的主要方面（张耀辉，2002）。

目前我国大部分学者对产业升级的定义仍然比较保守，一般将其定义为在特定的国内外经济环境和资源条件下，按照一般的产业结构演变规律和产业发展的内在要求，采取一定的措施，不断地提高产业的结构层次和发展水平，保障国民经济能够长期地持续增长的一种经济活动。一般而言，产业升级分为三个层面：第一层面为三次产业的结构升级过程，第二层面为制造业内部结构升级过程，第三层面为各行业内部的结构升级过程。其中第一层面的产业升级规律被"配第—克拉克"定理论证，即三次产业的结构升级规律；霍夫曼定理则描述了第二层面的产业升级范畴。第三个层面对应于知识经济背景下的产业升级，表现为各个产业内部的产品结构、技术结构和组织结构向着有利于获取更高边际利润的方向的转变，如企业信息化建设、提高研发和市场贡献率等。

综上所述，定义产业升级的概念，基本上有两种思路，即从产业结构的调整和价值链升级两方面来定义。我国对产业升级的理解也逐渐转移到价值链升级的思路上来。

产业集群升级目前尚没有统一的概念，学者们根据自己的研究目的对产业集群升级的概念进行了界定。从产业升级理论角度来看，部分学者用产业升级的观点给产业集群升级下了定义。产业升级是一个比较宽泛、一般性的概念，而产业集群的升级应该是产业升级的一种表现形式，产业集群的升级问题不仅仅是一个具体的产业升级问题，还有一个和地理关联及其制度文化密切相关的区位升级问题（任家华，2007）。从全球价值链理论角度来看，集群升级被视为一个集群能力和自主性不断提升的过程（Gereffi，1999）。这一过程可能从最低端的委托组装（OEA）开始，不断向委托加工（OEM）、自主设计和加工（ODM）、全球物流和自主品牌生产（OBM）等层级持续迈进，逐步实现由全球价值链底层向高端的跨越（Gereffi et al.，1999），是在全球价值链范围内产业集群获得附加值能力的提升（Humphrey & Schmitz，2000）。全球价值链理论的提出对理解产业集群升级的内涵提供了很好的视角，拓宽和深化了对产业集群升级的认知。但从全球价值链角度定义产业集群升级的内涵也存在一些不足，如将产业集群升级作为一个整体单位看待，忽略了产业集群升级的内部动因等。

综合以上分析，产业集群升级的内涵应至少包含两方面的内容：一方面是产业集群内部产业组织结构的升级以及产业的升级；另一方面是在全球背景下，参与国际分工视角的外演式升级。总之，产业集群升级应该是产业集群利用自身优势，一方面积极加强内部合作，发展内部网络；另一方面适应和融入全球价值链的战略性环节，获得更多附加值的活动。

参考文献

［1］Becattini G.，F. Pyke，W. Sengenberger，eds. Industrial Districts and Inter-firm Cooperation in Italy［C］. Geneva International Institute for Labour Studies（IILS），1990：31 – 57.

［2］Becattini G. The Marshallian Industrial District as a Socio-economic Notion［A］. In：F. Pyke，G. Becattini and W. Sengenberger（Eds.）. Industrial

Districts and Inter-firm Co-operation in Italy [C]. Geneva: International Institute for Labour Studies (IILS), 1990. 31 – 57.

[3] First Research. Musical Instrument Manufacture [J]. Industry Profile, 2010: 2.

[4] Gereffi G. . International Trade and Industrial Upgrading in the Apparel commodity Chain [J]. Jouranl of International Economics, 1999, 1 (48): 37 – 70.

[5] Gereffi, G. Global Production Systems and Third World Development [M]. Cambridge: Cambridge University Press. 2000.

[6] Gereffi G. , Humphrey J. , Sturgeon T. . The Governance of Global Value Chains: an Analytic Framework [EB]. http://www. ids. ac. uk/global-valuechains/, 2003.

[7] Humphrey J and Schmitz H. Governance and Upgrading: Linking Industrial Cluster and Global Value Chain. IDS Working Paper 120, Brighton: Institute of Development Studies: 2000.

[8] HumpHrey J. and Schmitz H. How does Insertion in Global Value Chains Affect Upgrading in Industrial Clusters [J]. Regional Studies, 2002, 9 (36): 1017 – 1027.

[9] Kaplinsky R. . Globalization and Unequalisation: What Can be Learned from Value Chain Analysis [J]. Journal of Development Studies, 2000, 37 (2): 117 – 145.

[10] Marshall A. Principles of Economics [M]. London: Macmillan and Co. , 1920. (再版)

[11] Porter M. The Competitive Advantage of Nations [M]. New York: Free Press. 1990.

[12] Porter M. Clusters and the New Economics of Competition [J]. Harvard Business Review, 1998, 79 (6): 77 – 90.

[13] YingFan. Country of Origin, Branding Strategy and Internationalisa-

tion：The Case of Chinese Piano Companies［J］.2006：10.

　　［14］傅允生.专业化产业区的结构与功能分析［J］.财经论丛，2005.1，（1）：11－21.

　　［15］傅允生.专业化产业区建设与区域经济发展［J］.财经研究，2003.7，29（7）：51－56.

　　［16］傅允生.专业化产业区建设与农村城市化进程［J］.学术研究，2004，（1）：85－89.

　　［17］傅允生.资源禀赋与专业化产业区生产［J］.经济学家，2005.1：84－90.

　　［18］金祥荣，朱希伟.专业化产业区的起源与演化——一个历史与理论视角的考察［J］.经济研究，2002，（8）：74－82.

　　［19］卡尔·博瓦德著，戴明瑜译.美国乐器制造业的变迁［J］.乐器，1985：17.

　　［20］李新春.企业家协调与企业集群［J］.南开管理评论，2002（3）：23－29.

　　［21］任晓.原生式内生型产业集群的形成及其变迁——以温州柳市低压电器企业集群为例［J］.社会科学研究，2008.5，（5）：52－58.

　　［22］任家华.基于全球价值链理论的地方产业集群升级机理研究［D］.重庆：西南交通大学，2007.

　　［23］王缉慈，李鹏飞，陈平.制造业活动地理转移视角下的中国产业集群问题［J］.地域研究与开发，2007，26（5）：1－5.

　　［24］王缉慈，林涛.我国外向型制造业集群发展和研究的新视角［J］.北京大学学报（自然科学版），2007，43（6）：839－846.

　　［25］王缉慈，刘禩.经济危机背景下对我国专业化产业区的反思——重温意大利式产业区的价值［J］.地域研究与开发，2009，28（3）：1－6.

　　［26］姚海琳.产业集群的阶段性演进机制分析［J］.湖南大学学报（社会科学版），2006，（6）：1－7.

　　［27］吴崇伯.论东盟国家的产业升级［J］.亚太经济，1998，（1）：

27 – 32.

　　［28］俞升. 产业集聚与区域竞争优势［J］. 区域经济，2006，（7）：302 – 303.

　　［29］张辉. 全球价值链理论与我国产业发展研究［J］. 中国工业经济，2004（5）：38 – 46.

　　［30］张向阳，朱有为. 基于全球价值链视角的产业升级研究［J］. 外国经济与管理，2005（5）：21 – 27.

　　［31］张耀辉. 产业创新：新经济下的产业升级模式［J］. 数量经济技术经济研究，2002（1）：100 – 108.

　　［32］郑亚莉，吕品，张树义等. 循环经济型专业化产业区的理论思考［J］. 浙江学刊，2004，（4）：194 – 197.

全球乐器制造业的生产格局与价值转移

第一节　全球乐器产业的发展和演化

　　乐器作为一种演奏的器具已经具有悠久的历史，其作为文化传播的载体在世界各国以及各民族都具有深远的影响。各国、各地区以及各民族都具有自己特有的乐器，并且乐器种类繁多，其分类也各异。国内对乐器主要划分成民族乐器和西洋乐器。其中民族乐器主要是指我国特有的用于演奏民族音乐、戏曲时所用的乐器；而西洋乐器又有广义和狭义之分。广义的西洋乐器是指除了我国民族乐器外的乐器，狭义的西洋乐器是指西洋管弦乐队和交响乐队所使用的乐器。但由于近代世界文明以西方文明为主体，西方文化特别是欧美文化在世界文化价值中扮演着主角，而具有文化价值和商品价值双重属性的乐器当然也具有浓厚的欧美色彩。目前无论从乐器种类、产值以及影响力来看，西洋乐器占据了绝对的地位。

乐器的发明具有悠久的历史，著作涉及的是乐器产业而不是单独的乐器产品。在工业革命以前的乐器制造虽然具有一定的发展，但是与工业革命后整个乐器行业的发展具有很大的差异，无论是产量、销售值还是群众的普及率都有很大的距离，并且随着经济全球化的推进，对乐器产业发展的影响因素也越来越多，乐器产业的发展和演变也越来越快。在这较为漫长的发展历程中，全球乐器产业以欧洲为发源地，不断向世界各地扩展。并且随着世界经济的发展，世界乐器产业的发展也呈现出波动和起伏。主要表现为乐器产业由点及面的"泛型"传播，以及乐器制造中心的"质点"扩展，以及乐器产业价值活动的"波状"延伸。欧洲是乐器产业最原始的发源地，此后逐渐扩散到世界各地。由于历史起源的不同，传播速度的快慢以及各国的研究开发的差异等原因，目前世界乐器产业主要呈现三足鼎立的局面：一是作为西洋乐器发祥地的欧洲国家，以精湛的工艺、过硬的品质闻名于世；二是作为西洋乐器发展地的美国、日本以及韩国等国家，以先进的制造技术、灵活的销售理念促进了世界乐器产业的发展；三是新兴的发展中国家，以低廉的价格、庞大的产量立足于世界。

一、欧洲乐器产业的发展和演化

（一）第一次工业革命以前的欧洲乐器

这里讲的第一次工业革命以前的欧洲乐器主要是指从文艺复兴时期到巴洛克时期的欧洲乐器。在经历过黑暗和漫长的中世纪之后，文艺复兴迎来了欧洲文化和思想发展的繁盛时期。欧洲乐器是依赖和伴随音乐思潮和音乐创作风格的发展而演变的，可以说，乐器的变革与发展的历史就是音乐艺术的发展史，反之，音乐艺术的发展又促使乐器本身的变革与发展。从远古时代开始，就产生了各种不同类型的乐器，相比于现代的乐器，文艺复兴时期的欧洲乐器已有了现代乐器的雏形。当时的乐器主要有三类：管乐器、弦乐器和键盘乐器，管乐器中有七孔木管、双簧管、小号等，弦乐器包括四弦小提琴、中提琴，四弦吉他等，而键盘乐器包括斯平纳琴和维吉纳琴等，当时的古钢琴按照发音的方式，分为击弦和拨弦两种，其中最具影响力的也是最为作曲家们钟爱的是拨弦古钢琴，也称作羽管键琴，也属于键盘乐器的一种。

虽然第一个制造出小提琴的人现已无法考证，但是从意大利人的绘画可以证实，最早一批未定型的小提琴的出现不晚于 1530 年。有文献表明，在提琴制作改进的过程中，意大利北部的克雷莫纳是早期小提琴的摇篮，至今仍是世界上著名的小提琴制造中心，16~17 世纪，这个小镇的人们以制造各种乐器，包括维奥尔琴和各类键盘乐器为职业，其中阿马提家族在维奥尔琴的基础上进行了改良，制作出四弦小提琴，音质优良，不久便风靡整个欧洲。

在第一架钢琴发明之前，整个巴洛克时代都被羽管键琴占据，羽管键琴的制作起源于 15 世纪末的意大利，后来在欧洲各国传播，成为当时教堂，歌剧院和宫廷乐队不可或缺的重要成员。1709 年意大利管风琴制作师巴尔托洛梅奥·克里斯托福里制造了第一台钢琴，他把它称为"有弱强音变化的击弦古钢琴"，从 1709 年到 1732 年逝世为止，克里斯托福里一共制作了 25 架钢琴。虽然克里斯托福里发明了钢琴，但钢琴并没有在意大利流行起来，反而在 18 世纪的德国和英国得到了发展，并在钢琴诞生的头一个世纪被多次改良。

早在 13 世纪，在西班牙的民间就已经出现了两类吉他，分别是摩尔吉他和拉丁吉他。文艺复兴时期是吉他发展的黄金时期，到了 16 世纪，四对复弦吉他的演奏与创作都已经达到了很高的水平，并广泛流行于西班牙、法国、意大利等国，但是到了 17 世纪末和 18 世纪初，五对复弦吉他取代了四对复弦吉他，成为贯穿巴洛克时期的主角。

在 19 世纪之前，欧洲乐器主要以手工制作为主，尚未形成有一定规模的乐器产业，与其说是乐器的流行，不如说是欧洲各国文化的交流和传播，虽没有实质上的产业转移，但是作为西洋乐器产业的发源地，这一时期乐器的萌芽为以后欧洲乐器产业的蓬勃发展奠定了坚实的基础。

（二）从第一次工业革命到第二次世界大战结束的欧洲乐器产业

从 18 世纪末到 19 世纪初，音乐史上迎来了古典时期和浪漫主义时期，这一时期人们对各类乐器的需求量进一步加大，此时钢琴和提琴的制造，多采用手工的方式小批量生产甚至纯手工打造。欧洲乐器产业的起源集中在 19 世纪中叶，但在 19 世纪二三十年代，伴随着第一次工业革命的到来，欧洲乐器的制造已有了蓬勃的发展，如 1827 年巴黎的普莱耶尔雇佣了 30 名工人，生产 100 架钢琴，又过了几年，生产量的增长率已经达到 900%。在 1850 年之前，大部分乐器还只是高档奢侈品，产量不大，但由于价格昂贵而获得不小的利润。到了 19 世纪中叶，乐器产业如雨后春笋般迅速发展起来，钢琴制造业已经发展成为一个巨大的商业行为，从而这一行业的竞争也日趋激烈。特别是 19 世纪中期的德国钢琴制造业得到了快速的发展，如，有德国国宝之称的博兰斯勒钢琴厂建于 1853 年，作为现代钢琴制造业奠基者的德国斯坦威公司成立于 1880 年，塞马尔公司于 1885 年建厂。这些历史悠久的钢琴品牌也不断地进行技术上的创新，他们制作的钢琴占据了欧洲各种音乐厅，并在 18 世纪后期和 19 世纪初这段时间长期占据钢琴市场的垄断地位。

此时段欧洲已迎来第二次工业革命。欧洲各国工业生产飞速发展，人民对于各种物质文化享受的追求也愈加强烈。生产技术条件的改善以及市场需求的推动，促进了乐器产业的继续发展，此时钢琴产量大增，到了 1894 年，钢琴价格只有 1850 年的一半，钢琴产量也已大幅增加，此阶段属于西方乐器消费的黄金时期。

从第一次世界大战开始，欧洲乐器的发展就开始面临多次坎坷。第一次世界大战和接踵而来的经济危机，使得乐器的产量受到了极大的限制，消费者的消费能力也大大受挫，战后的几年欧洲乐器产业依然呈现疲软的态势。英国钢琴制造商通过进口配件的方法来保护自己，最后实现了整个钢琴的国有化；法国的制琴业恢复到战前年产 20000 架钢琴的水平；对于刚刚经历了最为巨大动荡的德国来说，1929～1933 年的经济危机无疑是雪上加霜,直到 1927 年,德国钢琴的产量才达到 1 万架的水平。此外,由于受到第二次工业革命的影响,传统乐器出现了替代品,使消费者的注意力转移到其他一些新的乐器商品上去,比如 20 年代,自动钢琴留声机的发明,使钢琴的产量一落千丈,从 1927~1932 年,英国钢琴减产了 2/3。这使 20 年代欧洲的乐器产业受到又一次的挫折。在 1927~1929 年,德国钢琴制造商由 127 家降为 37 家,产量由年产 10 万架降到 6000 架;英国滑坡速度相对慢一些,由年产 9.2 万架降至 3 万架左右(赵云峰,2006)。整个 20 世纪 20 年代,欧洲乐器产业遭受了极大的打击,经历了惨重的损失,可以说是欧洲乐器产业发展道路中的一个低谷。

由于 20 年代乐器产业的低迷状态,30 年代欧洲乐器制造业也采取了相关措施来实现乐器产业的复苏,比如降低成本,开发新产品,以及广告促销等。但接踵而至的第二次世界大战又使欧洲的工业受到严重摧残,乐器产业也不例外。

(三) 第二次世界大战之后的欧洲乐器产业

第二次世界大战后的欧洲乐器产业得到较快的恢复。如德国乐器制造中心——瑙海姆的兴起(李胜华,1989)。在整个 20 世纪 50~60 年代,欧洲乐器产业在良好国际政治和经济环境中得到了恢复和发展。

但是,由于欧洲乐器制造业历史悠久,具有手工制造的传统习惯。从而形成了手工劳动比重大、效率低和小本经营、资金匮乏等困境①。德国施坦威公司在迄今 150 多年的历史中,一共制造钢琴数量只有 56 万余架。足见欧洲乐器制造业重于品质而轻于数量的经营理念,这样的办厂理念对于品牌是有重要意义的,但在这个注重成本、强调效益的社会里,这样的经营方式势必会影响企业的生存和发展。20 世纪 70 年代末,由于生产成本过高,效率较低,英国肯布尔公司与其他钢琴厂一样陷入倒闭的困境(刘东,1988)。80 年代,欧洲乐器制造业情况也没有得到较好的转变,

---

① 乐器工业概况. 国外轻工业技术经济资料,1990:403.

就连英国最大的钢琴厂——金布尔也难逃需要外资注资的厄运。当然，除了欧洲乐器产业独特的经营理念和制作传统外，20世纪70年代资本主义世界的经济危机等外部因素也加速或者是促成了欧洲一些乐器制造企业的倒闭以及兼并。70~80年代是欧洲乐器制造业的又一个较为萧条的年代。

到了20世纪90年代以后，由于世界经济的复苏，国内消费需求增强以及经济全球化的进程加快，欧洲乐器制造业改变了发展的策略，注重外国市场的开发，放低自身品牌的姿态，融入国际市场，从而使欧洲乐器制造业获得再一次的发展。

二、北美乐器产业的发展和演化

（一）20世纪之前的北美乐器

1775年，费城的约翰贝伦制造出美国的第一架钢琴。18世纪末，钢琴已经在美国流行开来，但是直到19世纪初，美国的钢琴生产仍在小作坊完成，一个技师一年最多制造出七台钢琴，手工制作产量少，价格就贵，因而发展十分缓慢。在19世纪50年代之前，美国的乐器工业还没有形成，其绝大多数的钢琴都是从欧洲进口的。第一次工业革命加快了机械制造业的发展，使得钢琴制作的技术得到迅速的提高，因此这种依赖的进口局面很快就被改变了。在19世纪50年代之后，美国乐器工业发生了翻天覆地的变化。德国人亨利·斯坦威携其三个儿子于1853年建立了美国斯坦威钢琴厂；1856年沃利策在美国辛辛那提成立了Wurlitzer公司；1857年乔治施特克公司在纽约成立，1862年，鲍德温钢琴厂在美国辛纳西城建立（杨宇，1975）。这些钢琴厂的建立标志着美国乐器工业进入独立发展时期。需要特别指出的是，在19世纪后半叶，亨利·斯坦威成为令人瞩目的钢琴制造商，该公司源自欧洲，因此兼有欧洲乐器产品的高质量和美国工业规模化生产的特征，成为美国乐器产业的杰出代表。

19世纪70年代，美国的钢琴市场不断扩展，钢琴的销售量日趋增加，如威伯钢琴的销售量以每年300%以上的速度递增，美国各类钢琴制造商风起云涌，竞争也日趋激烈，当时美国著名的钢琴品牌有：Baldwin、Broodwood、Bechstein、Bosendorfer、Chickering 等，此时的美国钢琴不仅在国内得到了迅猛的发展，而且其产品还远销欧洲，1875 年，斯坦威公司在伦敦建立了第一个欧洲斯坦威琴行，这个琴行虽然只是一个分销机构，但为下一阶段生产环节的转移奠定了基础；1880 年，斯坦威公司在德国汉堡建立了斯坦威工厂，第一次把钢琴的制造向欧洲转移。到了 1890年，美国生产的钢琴占据了世界钢琴产量的一半，钢琴已成为美国劳动阶级家庭的固定摆设。可以说，欧洲是钢琴工业的起源地，而美国是钢琴工业的发展地，真正实现钢琴工业产业化的地区是美国。

（二）20 世纪以后的北美乐器

进入 20 世纪以后，由于第一次世界大战的影响，欧洲经济遭受了严重的损伤。相对于欧洲，美国制琴业几乎没有受到战争的影响。1914 年，斯坦威钢琴进入欧洲市场，结束了德国钢琴半个多世纪的垄断地位，20世纪 20 年代，对于美国乐器产业来说是一个辉煌的年代（赵云峰，2006）。在 1890 ~ 1928 年期间，美国钢琴的年销售量从 17.2 万增长到36.4 万架（Jeffrey A. ，2008）。同时期，美国家庭支出单上最大的支出项目当属钢琴。由此可见，在那时乐器产业对于美国经济的发展具有十分重要的作用。此阶段是美国乐器工业发展较为快速和辉煌的时代，为美国乐器产业的发展奠定了基础。

经济危机的到来，使美国乐器产业遭受了第一次挫折，在 1927 ~ 1929年，美国钢琴产量由每年 25 万架暴跌至 2.5 万架。这一乐器产业的危机并未就此结束，进入 30 年代，由于汽车、留声机等新兴消费产品的出现，使消费者将大量的时间和高额金钱投向了此类消费品，对以钢琴为代表的乐器工业造成了严重的威胁，其销售量跌至历史最低时期。乐器制造公司也纷纷倒闭，幸存下来的仅限于以音乐专业乐器制造为主导的厂家，此困难期延续到第二次世界大战结束。

第二次世界大战以后，世界政治经济格局较为稳定，美国的乐器工业也得到了较好的发展。到 60 年代，美国的钢琴产量又达到了年产 20 多万架的水平，恢复到了战前的水平。并且战后美国国内一系列文化运动的兴起和发展也促进了乐器制造业的发展。如，现代音乐在美国兴起，到 60 年代这种音乐进入全盛时期，极大地影响了美国的乐器制造业。战后，美国乐器产业的发展延续到 70 年代中期，美国乐器销售的最高峰是 1974 年（卡尔·博瓦德，1985）。

　　70 年代后期到 80 年代，由于资本主义世界经济危机的影响，整个乐器市场较为萧条，如，1980 年市场乐器销售额比前几年有所减少，其中销售钢琴 23.3 万架（比 1979 年少售 4.2 万架），电子琴 14.3 万架（1979 年为 21.4 万架）；此外，由于美国乐器制造业源自于欧洲，其产品工艺风格和欧洲相近，对于乐器产品品质的追求较高，主要生产中、高档钢琴等乐器，因此生产效率相对于亚洲日本、韩国等新兴乐器生产国而言较低，在价格竞争方面缺乏优势；受国内社会经济因素的牵连，使此阶段美国的乐器工业呈现较为低迷的状态[1]。

　　20 世纪 80 年代末以后，在世界政治、经济安定的大好环境下，美国乐器产业发展形势良好。虽然日本和韩国在钢琴等乐器生产和销售量上占据了世界较大的比重，但是在 1987 年，美国钢琴产量达到了 10 万架，为世界第三；总销售量更是达到 17.7 万架，仅比第一的日本约少 5000 架；并且在 1986 年以后，由于美元的贬值，乐器出口额也实现大幅度的增长[2]。

三、日韩乐器产业的发展和演化

　　日本是当今世界仅次于美国的经济体，其文明世界的除了高科技外还有享誉世界的乐器工业，如雅马哈钢琴。日本的乐器工业也具有很长的历史，时间跨度几乎与欧洲相同。雅马哈公司于 1887 年成立，卡瓦伊公司成立于 1925 年。由此可见，日本乐器工业大致开始于 18 世纪中叶，但是在两次世界大战之前的日本乐器工业发展较为缓慢，基本停留在对外学习

---

① 轻工业部科学技术研究所编. 轻工业国内生产科技水平及发展状况. 1983：351 - 352.
② 乐器工业概况. 国外轻工业技术经济资料. 1990：400 - 405.

和模仿阶段。1935 年，日本的钢琴产量仅为 4370 架。并且在第二次世界大战中，日本的乐器工业遭受到严重的破坏，1945 年钢琴年产量只有 385 架。由此可见，第二次世界大战前期的日本乐器工业基础还是相当薄弱的，相对于欧美较成熟的乐器工业还有很大的差距。

日本乐器产业真正的发展期是在第二次世界大战以后。由于大量固定资本的更新，采用了先进的科学技术，从而提高了生产效率；战后，由于日本国内经济较为低迷，实行了低工资，企业对工人的剥削较重，降低了生产成本，扩大了资本的积累，从而提高了市场竞争力；大力搜集科技情报和商业情报，实行有效的组织生产，采用了各种有效的竞争手段占有了市场；还有美国对日本乐器工业的大力扶持，加快了日本乐器工业的发展。这些措施使日本乐器工业在战后实现了高速发展。从 1945～1972 年的 27 年内，日本钢琴产量增加了 737 倍，其发展速度大大超过了乐器工业历史悠久的欧美国家。到 1969 年，日本成为全球最大的钢琴生产国，到 1971 年，日本成为世界上最大的乐器输出国。可见，第二次世界大战之后到 70 年代这段时间是日本乐器工业发展最快的黄金期，奠定了日本作为世界乐器工业强国的地位。并且 70 年代可以说是日本乐器制造业，特别是钢琴制造达到了鼎盛时期（赵云峰，2006）。

20 世纪 70 年代末到 80 年代中后期，受全球经济大格局的影响，日本乐器产业也受到了极大的影响，钢琴产量从 70 年代末到 80 年代中后期出现较快的下降（见图 2 - 1）。

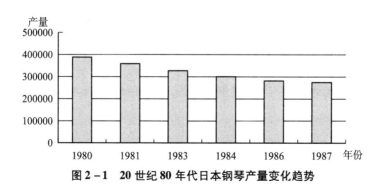

图 2 - 1　20 世纪 80 年代日本钢琴产量变化趋势

70 年代末到 80 年代中后期日本乐器工业的发展没有像前 20 年那样保持高速发展的趋势。70 年代中期的"石油危机"对经济的影响，使日本乐器工业到 70 年代末仍旧呈现不景气的态势（陆平阳，1982）；日本乐器工业以机械自动化生产为主，生产效率极高，大量廉价的乐器出口欧美，引起欧美各国的不安，纷纷采取对策进行贸易保护（修哈，1984）；70 年代慢慢崛起的韩国乐器工业悄然成为日本乐器工业的有力竞争对手。这些因素影响了日本乐器工业在此阶段的持续高速发展。

90 年代以后，由于广大发展中国家乐器产业的快速发展，使日本国内生产的乐器产品数量相对减少，但是日本的乐器产业在世界上还是保持着良好的发展状态。

韩国的乐器工业相对于世界其他主要乐器生产国而言，其历史相对比较短暂。作为乐器工业核心的钢琴工业形成于 20 世纪 50 年代，并且是建立在乐器商店和钢琴修配厂的基础上的。"短暂的历史，快速的发展"使韩国乐器工业在世界得以立足。

韩国乐器工业的发展主要集中在 20 世纪 70 年代。60 年代韩国开始出口乐器产品，进入 70 年代则呈现快速的发展特征：1971 年钢琴产量仅为 5722 架，到 1979 年则达到 8 万架左右，跃居为世界第四大钢琴生产国（修哈，1980）。在 60 ~ 70 年代的 20 年，韩国的乐器工业可谓一帆风顺，但是由于技术相对不高，产品质量也相对较低，在发展过程中也受到了较大的限制。但是，韩国整个乐器工业在 80 年代还是得到较快发展，虽然在产量上还不能超越日本，但是在出口方面取得了较好的成绩。1990 年，韩国钢琴出口达 11.8 万架，超过日本的 10.1 万架（矶村尚德，1990）。

四、全球乐器产业的发展现状

当前，关于世界乐器产业市场格局的研究的主要机构是美国的音乐制品协会，该协会每年都会根据各国乐器产业的统计数据对世界乐器产业的表现加以总结和评价。

近年来，世界乐器产业迅速发展，特别是广大发展中国家表现出较快的上升势头。由于劳动力资源丰富、技术的提升以及国内市场的拓宽，发展中国家在国内市场以及国际市场的竞争力的提升，慢慢改变着国际乐器产业的现状格局。

从图2－2中可以发现，当前世界乐器市场呈现出较为稳定的发展格局，发达国家在乐器产业中仍旧保持着较为明显的优势，其产品销售额占有很大的比重。由此也可以发现，发达国家仍旧是乐器产品消费的市场主体。此外，从中国乐器产品的销售额变化趋势来看，以中国为代表的广大发展中国家呈现出较为强劲的发展势头，特别是在2006年以后，中国乐器产业慢慢逼近日本。因此，从总体上来讲，世界乐器产业中发达国家优势依旧保存，发展中国家潜力凸显，为世界乐器产业的发展注入了新鲜的血液。

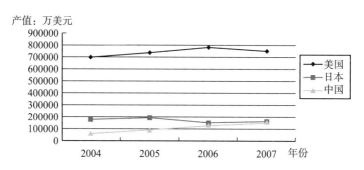

图2－2　2004～2007年美、日、中三国乐器产业产值变化趋势

图2－3对14国乐器产品市场所占份额进行比较，从图2－3中可以发现，西欧、北美以及日本这些老牌经济强国在世界乐器产品市场中占据了绝对的份额。特别是美国，近年来所占的市场份额高度维持在43%左右，并且呈现一定的上升趋势。中国乐器产品的市场份额虽在不断上升但是仍旧处于较为弱势的地位。

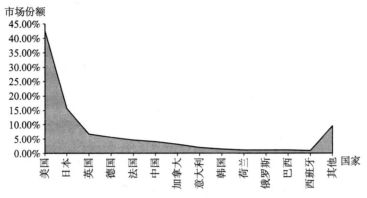

图 2 - 3 2007 年 14 国世界乐器产品市场份额比例

第二节 钢琴制造业全球产业转移

一、转移路径与动因

钢琴制造业经历了漫长的发展期，并且在各个阶段由于区域优势的差异以及众多因素的影响，各钢琴制造企业为了发挥各自的优势以获得最大的效益，使得全球钢琴制造业发生转移，并且形成了较为鲜明的转移路径。世界钢琴产业由欧洲传播到世界各地，传播过程主要可以划分成五个阶段，转移路径大致如图 2 -4 所示。

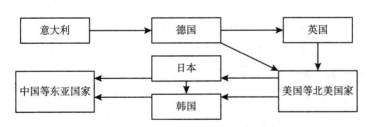

图 2 - 4 世界钢琴制造业转移路径

1. 在西欧内部的传播转移

1709 年，意大利佛罗伦萨美第奇家族的一位乐器制作师巴尔托洛奥·克里斯托福里发明了钢琴。因此，钢琴最先起源于意大利（刘芳，2009）。1725 年意大利记者马菲关于克里斯托福里的新发明的报道被翻译成德文在《音乐评论》杂志上发表，德国钢琴制造家戈特弗里德·齐伯曼仔细研读了这篇文章，并很可能购买了一架克里斯托福里的钢琴进行了详细地研究，并于 1726 年终于制造成功自己的钢琴。由此，实现了钢琴制造业由意大利向德国的转移（代百生，2009）。1756 年由于德国战争，萨克森钢琴工匠大批外逃，其中一批逃到英国，开始在英国制造钢琴。楚姆佩的工场成为了英国首个独家生产钢琴的工场，开创了英国钢琴制造的传统（Williams，2005）。于是钢琴制造业在德国和英国快速发展成长。

2. 由欧洲向美国的转移

欧洲是世界近现代文明的发源地，中世纪以后的欧洲不断尝试对外探索和扩张。而美洲便成为其最先发现的区域，在这个过程中实现了钢琴制造业由欧洲向美国的转移。18 世纪末，钢琴已经在美洲流行开来。在 19 世纪 50～70 年代，波士顿的扬基·奇克林斯厂以及从欧洲移来纽约的施坦威厂就开始相互竞争，大大促进了现代钢琴的发展（蔡馥如，2002）。欧洲钢琴制造业的转移，极大促进了美国钢琴制造业的发展，加速了美国钢琴制造业完整体系的形成和发展。

3. 由美国向西欧和日本的转移

美国钢琴工业的对外转移可以细分为前后两个阶段。前一阶段是美国钢琴工业向西欧的转移。1875 年，施坦威公司在伦敦建立了第一个欧洲施坦威琴行，这个琴行虽然只是一个分销机构，但为下一阶段生产环节的转移奠定了基础；1880 年，施坦威公司在德国汉堡建立了施坦威工厂。虽然这一阶段的转移没有从根本上改变西欧钢琴产业的发展局势，但在技术层面上促进了西欧钢琴工业的发展。后一阶段是美国钢琴工业向日本的转移。战后美国对日本工业的扶持，包括钢琴工业的援助在很大程度上出于政治因素的考虑。

4. 由日本向东亚转移

日本钢琴制造业在第二次世界大战后经历 30 年的飞速发展，在 80 年代出现了产量下降的局面，从而做出了产业转移的重大举措，主要的因素有以下两点：

（1）从日本钢琴产量的销售流向来看，1986 年日本钢琴产量为 28.4 万架，而出口仅为 9 万架左右。当然，可以推测相关年份其出口钢琴量占其生产总量大约为 30%～40%。由此可见，在过去 30 年的时间里，日本钢琴有大量的出口，但绝大多数产品还是作为内需，用于满足国内市场的需求。业内人士将 70 年代以前的阶段称为是日本钢琴的"普及阶段"。由此可见经过 30 年的发展，其国内市场对钢琴的需求必已达到饱和的程度，因此，在 80 年代，其产量开始大幅度的削减。

（2）影响日本钢琴产业减产的原因不单单是国内需求的饱和，还有其他内部和外部的因素的影响。20 世纪 80 年代，由于资本主义世界的经济危机，造成日本国内经济发展出现停滞现象，造成市场购买能力减弱，也深刻影响了日本钢琴产量的增加。20 世纪 80 年代，韩国钢琴制造业进入了飞速发展的时代，其钢琴产量也突飞猛进，并且其价格比日本雅马哈等品牌更有竞争优势，从而在一定程度上抑制了日本钢琴在国内和国际市场上的销售量，而最终导致日本钢琴产量的下降。

由此，日本钢琴制造业向具有市场潜力以及技术不够成熟的东亚地区转移。主要的转移地为韩国和中国香港、中国台湾以及中国大陆沿海城市。

5. 由韩国向东亚转移

韩国是继日本之后又一个新兴的钢琴制造大国。其钢琴产业也经历了 20 年的长足发展，在 20 世纪 80 年代末进入发展瓶颈期，从而做出钢琴产业转移的重大战略举措，主要考虑的因素有以下三点：

（1）日本战略方向的转移。日本在 80 年代开始进行产业的转移，在海外寻求具有竞争优势的产地，节约了其成本，开拓了其市场，从而增强了其竞争力和影响力。

（2）美国钢琴工业的复苏。走出了 70 年代末 80 年代初的经济危机和石油危机的阴影，其经济开始复苏，钢琴市场又出现了繁荣的景象，从而造成对韩国钢琴制造业强烈的冲击。

（3）韩国国内生产成本的提高。随着经济的发展，韩国人均收入水平的提高，钢琴制造业工人工资也在大幅度提高，从而造成其成本上升，而韩国钢琴向来以低廉的价格在国际市场上获得竞争优势，而工资成本的提高较大程度上影响其竞争力和市场占有率。为此，韩国钢琴制造业也开始向那些具有廉价劳动力以及广阔市场的区域转移。2001 年 7 月，韩国世正公司在中国青岛奠基建设世正中国制造公司，其产品主要投向中国以及海外市场（罗霄，2003）。

二、钢琴制造业转移下的全球价值链环节分布

由于全球钢琴制造业的转移，实现了钢琴制造业的全球分工，使得各国在钢琴制造业的价值链上获得不同的价值分配。

（一）钢琴制造业全球生产分布

虽然世界钢琴产量呈现不断下降的趋势，但各区域在产品定位以及产业分工上存在着较大的差异。从世界钢琴品牌评估的角度来看，欧美钢琴具有较高的价值，属于高档的演奏用琴，日韩钢琴处于中高档钢琴，中国钢琴属于中低档品牌。

从产量来看，世界钢琴主产区仍然在欧洲、亚洲，2009 年总产量42.9 万架，主要生产企业大约 50 家，其中欧洲钢琴生产主要在德国、捷克、英国、法国、奥地利、意大利等国家，产量约 1.5 万架，美国钢琴产量约 7000 架左右。亚洲钢琴生产总产量约 40 万架，占世界产量的90% 以上。中国钢琴产量占世界钢琴产量的 70% 左右（见图 2 - 5）。日本和韩国平分秋色，年产量在 2 万架左右。中国的钢琴制造业虽然起步较晚，但是发展速度极快。特别是从进入 21 世纪开始，钢琴生产产量不断攀升，目前已赶超日本成为世界产量第一的钢琴生产大国（丰元凯，2004）。

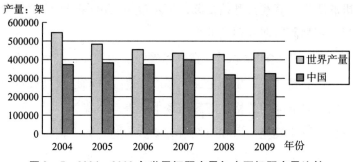

图 2 – 5 2004~2009 年世界钢琴产量与中国钢琴产量比较

中国能够成为世界产量第一的钢琴生产国，主要在于钢琴制造业本质上属于劳动密集型产业，并且中国具有大量廉价的劳动力资源，此外，随着中国社会经济的发展促使国内钢琴消费市场的扩张以及 20 世纪末期到 21 世纪初世界经济的复苏使得海外市场的兴旺，以价格低廉为优势的中国钢琴产量激增。

而在 20 世纪 80 年代钢琴产量位居前三的韩国、日本、美国由于本国劳动力成本的上升，以及新兴的海外潜在市场的出现，本国大量的钢琴企业实现转移，在世界范围内寻求最佳区位，从而消减了本国的钢琴产量。目前，日本钢琴产量位居世界第二，其次是美国，而后就是韩国、德国等一些主要的钢琴生产国。

总的来讲世界钢琴制造业开始由传统钢琴制造强国向广大发展中国家转移，现已基本形成了以中国、日本、美国、韩国、德国为主体的钢琴生产分布格局。

（二）钢琴制造业全球研发分布

目前，虽然世界钢琴制造业整体水平较高，但是在研发环节上，不同区域之间、不同国家之间以及不同企业之间还是存在很大的差距。西欧、美国、日韩以及以中国为代表的广大发展中国家之间呈现出较为明显的梯级差距。作为钢琴制造业发祥地的西欧，虽然当前在钢琴产量上不占有优势，但是在技术研发方面仍旧处于举足轻重的地位。如 1991 年，日本河合乐器制作公司与德国施坦威父子钢琴公司的合作就是为了利用德国施坦威公司的设计研发技术（曹天厚，1992）。除了日本钢琴企业采用德国研发技术外，韩国企业在发展过程中也大量聘用德国技术人员，已获得德国先进研发技术的支持。如1982年韩国三益乐器制造公司聘用德国设计师克劳斯·芬纳来提高他们的钢琴产品；无独有偶，1986年韩国的瑞进钢琴公司聘请德国顾问迈斯特·L·谢尔协助提高其钢琴产品质量（力木，1990）。中国的很多企业也在聘请国外专家到企业进行技术指导，如北京星海乐器有限公司在德国钢琴制作专家切尔先生的指导下，研制出十几种新兴钢琴（李鸿铮，1996）。

当然，钢琴研发水平较高的国家除了德国外，美国也是钢琴制造业技术研发的重要基地。如成立于1886年，总部位于美国东部俄亥俄州的辛辛那提市的鲍德温钢琴、风琴公司具有一个由25名技术人员组成的"钢琴设计研究院"，从事钢琴的设计、研发工作（张荣良，1980）。除了鲍德温以外，作为世界现代钢琴制造业奠基者的美国的施坦威公司，自公司1853年成立以来，已累积具有128项专利，由此可见，施坦威公司在钢琴制造业中的强大研发实力（乔幽坤，2007）。美国钢琴制造业强大的研发实力铸就了美国强大的钢琴产业。

除了德国、美国这样具有悠久钢琴发展历史的国家外，作为后期的日本虽没有上述两国一样强大的研发实力，但其钢琴制造业的设计研发水平也不能小视，在世界钢琴制造业中具有相当实力。如韩国世正在中国青岛建立的钢琴制造厂工程师团队中就有大量日本工程师的加入；中国广州钢琴公司与日本雅马哈公司成立合资公司，在很大程度上就是要利用日本雅马哈公司雄厚的技术研发实力来提升本公司的产品质量（赵国雄，1997）。

相比以上三国的研发实力，韩国在此方面的能力相对而言较弱。中国的钢琴制造业仍旧处于技术研发对外依存度很高的阶段，本国的研发水平处于较低的水平，所谓的研发大多停留在产品外观的设计方面。

（三）钢琴制造业全球销售市场分布

在钢琴销售量上，目前世界钢琴销售量最大的是中国，其次是日本和美国。但是美、日两国的销售量远低于中国。此外，从销售额来看，中、美两国占据绝对比重，其次是日本和德国。因此，从整体上看，世界钢琴制造业的价值分配主要集中在中、日、美三国，但是从销售额与销售量的比值分析，美、日、德等国家的钢琴制造业更具有优势，单位产品的价值远高于中国。如图 2－6 所示。

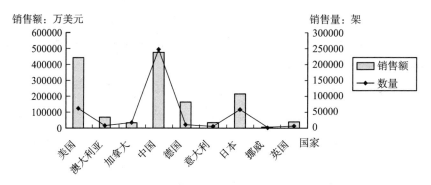

图 2－6　2007 年世界主要国家钢琴销售额与销售量情况

钢琴制造业销售网络的形成得益于钢琴消费市场的扩张，而具有悠久发展历史的西欧、美国以及日韩，早期钢琴制造业生产的绝大多数产品服务于本国市场。如 19 世纪英国小说中经常提到钢琴，特别是 19 世纪中叶出现的分期付款购买方式，使得一般家庭能够买得起钢琴，从而钢琴成为西欧家庭的必需品，在全社会得以普及（高继海，2007）。

除西欧外，钢琴制造业发达的美国在经历了长期良好的发展态势以后，也面临着国内市场的萎缩。如图 2－7 所示，作为普通民众消费的立式钢琴从 1999～2006 年期间，在美国的消费中总体呈现下滑的趋势。而作为演奏使用的三角钢琴的销售量处于较为稳定的状态。

与美国相类似，日本钢琴由于发展历史较为悠久，早期钢琴的生产绝大多数用于内销，因此，国内市场钢琴的保有率也处于较高水平。日本钢琴整体属于中、高档用琴，满足于企事业单位以及高收入个体消费群体。相比之下，中国钢琴处于较低水平，主要靠低廉的价格占有市场，服务于初学者或者普通家庭。

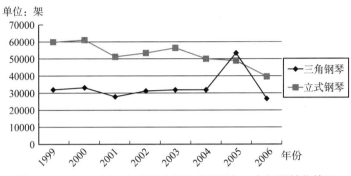

图 2－7　1999～2006 年美国市场立式钢琴与三角钢琴销售情况

（四）钢琴制造业全球价值量空间分布

结合前面的分析，钢琴制造业全球价值量分布整体上呈现阶梯状分布的态势，以欧美为第一阶梯，日本和韩国为第二阶梯，中国为第三阶梯。在研发、核心产品设计及品牌等的核心竞争力上，也表现出同价值量相同的阶梯分布。如图 2－8 所示。

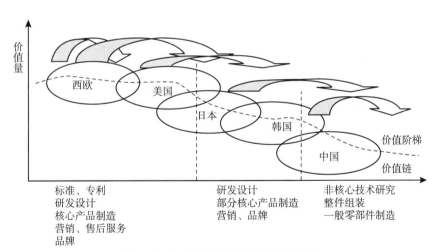

图 2－8　全球钢琴制造业价值阶梯分布

注：参考马云俊（2010）改绘。

　　根据英国 Sussex 大学创新研究小组给出的定义，我们知道全球价值链上的各种增值活动包括：设计、研发、生产制造、营销、出售、售后服务等。在全球价值链的 U 型曲线中，不同环节所创造的附加值是不同的，靠近 U 型曲线两端的环节能创造出比较高的附加值（如研发、设计、市场营销、品牌等），而靠近 U 型曲线中间底部的环节创造出的附加值则较低（如零部件、加工制造、装配等）。全球价值链背景下，我国钢琴产业就处于 U 型曲线的底端（见图 2 - 9）。

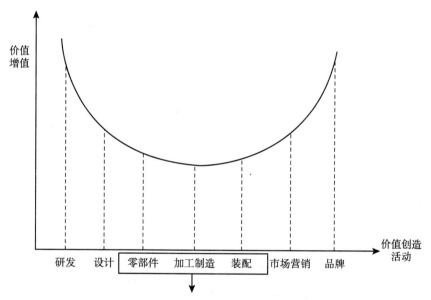

图 2 - 9　全球价值链 U 形曲线中我国钢琴产业所处环节

　　当前中国已成为世界上最大的钢琴生产国，中国已成为世界乐器制造工厂。当然，世界乐器制造工厂的称号并不是一开始就是中国荣获的。20 世纪 20 年代，美国是世界上最大的乐器生产国，其钢琴年产量达 25 万多架；20 世纪 70 年代，日本代替了美国成为世界最大乐器生产国，其钢琴年产量接近 40 万架；80 年代，韩国慢慢接近日本，成为世界最大的乐器生产国之一；90 年代后期，中国慢慢脱颖而出，成为世界最大的乐器生产国。世界最大钢琴生产国的称号只能证明该国的生产能力很强，间接说明该国廉价劳动力资源很丰富，更深层次来讲就是该国的钢琴产业处于分工的末端。20世纪60年代，日本钢琴产业飞速发展，但是产品质量较为低劣，为了摘掉单纯作为生产国的帽子，以雅马哈为代表的日本钢琴产业花费了30年的时间实现了日本钢琴产业从生产制造分工步入设计和销售等高端分工环节。

在美国出版的《钢琴手册》的产品评估中，第一组最佳质量演奏用琴的品牌都是欧洲和美国，并且以欧洲钢琴为主；第二组高质量演奏用琴也以欧美为主体，依稀有几个日本品牌；在三、四组中才大量出现日韩产品；中国产钢琴只出现在最后的第五组经济型钢琴类（见表2-1）。由此可见，现阶段世界乐器产品的分工环节大致呈现以下的态势：广大发展中国家处于加工制造的低端环节，而欧美处于品牌经营的高端环节，日韩处于生产和销售的中端环节。

表2-1　　　　　　　　　世界部分钢琴品牌评估

		三角钢琴	立式钢琴
第一组：最佳质量演奏		蓓森朵芙（奥地利）	博兰斯勒（德）
		博兰斯勒（德）	蓓森朵芙（奥地利）
		霍斯德奥格斯特（德）	霍斯德奥格斯特（德）
		斯坦格理伯索纳（德）	斯坦格理伯索纳（德）
		贝茨斯坦（德）	贝茨斯坦（德）
		法西奥里（意）	格罗川（德）
		格罗川（德）	美森瀚林（美）
		美森瀚林（美）	斯坦威（美）
		斯坦威（美）	
		鲍德温（美）	
第二组：高质量演奏用琴		伯罗德乌德（英）	索特（德）
		海斯勒（德）	海斯勒（德）
		索特（德）	霍芙曼（德）
		霍芙曼（德）	胥沫尔（德）
		沃尔特查尔斯（美）	塞勒（德）
		鲍德温（美）	沃尔特查尔斯（美）
		卡瓦依（日）	奥斯汀威特（美）
		雅马哈S系列（日）	佩卓夫（捷克）
		胥沫尔（德）	肯宝（英）
		塞勒（德）	舒尔兹波尔曼（德）
		佩卓夫（捷克）	
		舒尔兹波尔曼（德）	
		伊斯坦尼亚（伊斯坦尼亚）	

续表

	三角钢琴	立式钢琴
第三组：较佳消费型钢琴	雅马哈 C 型（日） 卡瓦依 RX 系列（日） 波士顿（美、日） 三益 W/M 系列（韩） PG 英昌 PG 系列（韩） 卡瓦依 GM 和 G 巨型（日）	雅马哈大立式琴（日） 卡瓦依大立式琴（日） 波士顿（美、日） 雅马哈中小立式琴（日） 卡瓦依中小立式琴（日） 波士顿（美） 鲍德温 248A（美） 佩卓夫（捷克） 三益 W/M 系列（韩） 鲍德温（除 248A）（美）
第四组：中档消费型钢琴	G 英昌 G 系列（韩） 威博（韩） 雅马哈 GPIGHI 型（日） 三益 W/M 系列（韩） 渥立舍（美） 曲克令（美） 三益（印尼） 立特木勒（中国广州）	G 英昌 G 系列（韩） 威博（韩） 斯托立克拉克（美） 卡瓦依 CX 系列（日） 三益（韩） 渥立舍（美） 金斯伯格（中国烟台） 三益（印尼） 伊特纳（日）
第五组：经济型钢琴	珠江（中国广州） 诺的斯卡（中国营口） 伯格门（韩） 威埔（中国） 别克（俄）	珠江（中国广州） 诺的斯卡（中国营口） 伯格门（韩） 威埔（中国） 渥立舍（美） 克拉高俄（中国青埔） 别克（俄） 涅米亚（中国营口） 舒伯特（俄） 施特劳斯（中国上海）

注：数据来自《中外乐器》杂志。

为何我国钢琴产业会处于全球价值链的底端？主要原因是：第一，分工的差异必然导致价值分配的差异。在全球范围内不同的乐器制造国家，根据各国的比较优势在世界乐器产业链内部形成了国际分工，即在乐器产业内部不同的国家的不同企业承担着不同的价值创造职能，从而形成了一条最后通向消费者的产业分工链。而根据乐器产业分工格局的论述已经了解，在乐器产业链中，欧、美以及日本乐器制造商处于产业链高端，而以中国为代表的广大发展中国家处于产业链分工的低端。第二，乐器产业的特殊属性。乐器产业本质上属于劳动密集型产业，但是其在一定程度上具有文化创意产业的内涵，因此，简单的制造加工环节在整个乐器产业链中具有的附加值是极为微弱的。由于广大发展中国家劳动力价格较低，其工业生产体系还不够完善，因此，急需国外的投资来发展本国的经济。而发达国家的乐器产业具有先进的生产技术、完善的管理水平、知名的自主品牌，唯一的不足就是本国的劳动力价格较高，而直接对外投资转移一些生产环节能够获得更多的剩余价值（刘澄，2002）。所以，在当前世界乐器产业的价值分配格局中，发达国家仍居主导地位，广大发展中国家相对处于价值分配的末端。

第三节　提琴制造业全球转移

一、转移路径和动因

作为"乐器皇后"的提琴与"乐器之王"的钢琴一样，都是起源于欧洲的西洋乐器，具有悠久的发展历史。据研究发现早在 15 世纪初期，在意大利北部有两个小城—布雷西亚和克雷蒙纳，这里就有许多从事提琴制作的家族。他们所制作的小提琴都已达到了很高的水平。因此后人就把意大利的克雷莫纳和布雷西亚，称为小提琴的"故乡"、"发祥地"、"摇篮"。因此，意大利亦是小提琴最初的起源国（贾玉海，2002）。之后，经过一系列的传播，小提琴生产传播到了法国、德国，后来又跨过英吉利海峡到达英国，实现由欧洲大陆向英伦三岛的传播转移。随着新大陆的发现，小提琴艺术和制造传播到了以美国为主的美洲大陆。19 世纪末期，在明治维新的推动下，日本对外开放和学习，小提琴实现了由欧美向日本的传播。直到 20 世纪初，小提琴来到了中国。国际提琴制造业转移路径如图 2 - 10 所示。

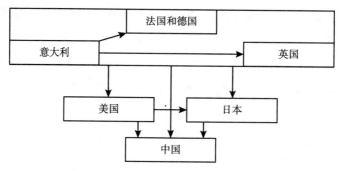

图 2 - 10   世界小提琴转移路径

1. 在欧洲内部的传播转移

意大利孕育了小提琴艺术的发展，17 世纪到 18 世纪伟大的小提琴家大多是意大利人，当时各国王公的管弦乐团的乐长大体都被意大利人独占。17 世纪的中叶到后半期，意大利许多著名的小提琴大家开始游历欧洲各国，他们每到一个国家，各国的音乐爱好者都会慕名前来学习，从而实现了小提琴艺术的传播，当然在这个过程中也伴随着小提琴制造业的传播。如意大利著名音乐家柯莱利 1672 年开始做音乐旅行到了巴黎，因为种种原因，没有在法国站住脚。所以他就到了罗马，在这里他完成了他的大业。柯莱利在罗马定居下来以后，就产生了罗马派，罗马也就成了近世的小提琴艺术的摇篮，从这里发出的影响力扩大到世界各个地方，有名的小提琴演奏家大多受到他的启发。有的从法国和德国来找他学习，回去时把柯莱利美妙的演奏法或多或少地传到了各处。柯莱利的第三代传人杰来尼阿尼把小提琴艺术传到了英国（刘振权，1981）。

此后欧洲的小提琴得到较为均衡的发展，欧洲大致孕育出了七所主要的小提琴制作学校。其中两所在英国伦敦及纽瓦克，另外五所分别是法国的米内库、瑞士的布灵茨、西德的米腾瓦尔德、意大利的克雷莫纳及波兰的波兹南（Shirtcliff P. L.，1984）。

在 19 世纪后期到 20 世纪初期，各类形式的小提琴工厂开始出现，特别是在德国。德国具有大量优质的枫树和云杉树等原材料资源。但是存在许多个人生产或者小型作坊的小提琴生产点，像近代在硅谷流域出现的大量小型汽车修理厂。随着时间的发展，这些小型小提琴生产作坊发展成为大规模的流水线生产的大型工厂。虽然当时在整个欧洲还分布着一些小型的小提琴生产作坊，但是德国小提琴的制造实力在当时是欧洲最强的。

2. 由欧洲向美国的转移

欧洲文明随着新航路的开辟传播到了美洲，主要是北美，其中当然包括小提琴艺术和小提琴制造。北美最初的小提琴主要来自欧洲，通过移民带来。一开始由于技术有限，小提琴无法实现本土生产，因此只能通过海运向欧洲国家进口来满足需求。后来，北美人通过对欧洲小提琴的仿制实现本土化生产。如19世纪30年代后期，美国人艾拉白在波士顿开始其制作小提琴的事业。同时，一些制作者通过模拟和改良教堂里面的贝斯来制造小提琴。

19世纪中叶，德国和法国已经建立起了以手工制作为手段的提琴制造厂，并且在世界第一次世界大战爆发前达到了其发展的顶峰。两国的手工提琴制造厂的提琴大量出口美国。

小提琴通过美国本土人民的研究，加上向欧洲的进口学习，美国小提琴产业获得快速发展。特别是在第一次世界大战期间，欧洲大陆遭受战火的影响，导致了大量优秀的小提琴专业制造者以及艺术家移居美国，加快了美国小提琴乃至整个提琴产业的发展壮大。

3. 由欧美向日本转移

日本小提琴产业的出现和发展最初源于明治维新。在此阶段，日本向欧美派出大量访问学者，了解和学习欧美先进的科技和文化。1890年，铃木成立了日本第一家小提琴制造厂。在20世纪初，日本开始将他们本国的制造流程设备运用到小提琴生产中。日本小提琴制造业的成功很大程度上归功于一些具有悠久历史的家族企业和大量具有高昂价值的小提琴。最初他们使用原产欧洲的木材制造小提琴，但随着生产规模的扩大，开始大量使用本国木材。此外，1914年欧洲发生严重的地震灾害，再加上第一次世界大战的爆发，严重影响了欧洲小提琴的生产制造，促使来自日本的铃木等小提琴制造企业订单的大幅增加。日本小提琴制造业大约在20

世纪 60 年代到 80 年代发展到达顶峰，并且在世界占据主导地位。

4. 向中国转移

源自 16 世纪末叶在意大利开始的小提琴制作并形成的学派，传入中国则是五四新文化运动前后。据说中国制作小提琴并取得成功的第一人是司徒家族中的司徒梦岩。司徒梦岩是清朝末年中国首批赴美留学生。在美国学习期间，向奥地利小提琴家学习演奏，后师从美籍波兰提琴制作家高氏学习提琴制作，1910 年他制作的第一把小提琴在巴拿马国际博览会获得小提琴制作首奖。司徒梦岩回国以后又为司徒氏家族培养了一批小提琴演奏家。20 世纪 50 年代前，中国的提琴制作还限于少数个人爱好，提琴制作业基本处于空白。直到 1949 年 6 月 1 日，中国第一家制琴厂"新中华乐器厂"（即北京提琴厂的前身）在北京成立。此后，上海、广州、天津、营口等地先后成立了提琴制造厂（溪融，1997）。当时，我国提琴生产主要以国有或集体企业为主。1993 年，党的十四届三中全会明确提出以公有制经济为主体，多种经济成分共同发展的市场经济发展构架，我国提琴产业逐步走上规模化、国际化的发展轨道。我国提琴产业呈现出五大结构性调整：一是区域结构调整。由北京、上海、广州为中心的提琴生产转变为以江苏泰兴、北京平谷区、广州为中心的提琴生产；二是体制结构调整。由国有企业独家经营的提琴生产转变为国有、民营、外商以及港澳台投资的多成分生产格局；三是生产结构调整。从综合生产向零配件专业配套生产调整；四是营销结构调整。由以国内销售为主向外向型销售为主的格局转变；五是科技结构调整。从劳动密集型产业逐渐向技术密集型生产发展（李书，2008）。1994 年，中国提琴企业首次进驻国际乐器展览会，通过参加法兰克福乐器展，采用"走出去、请进来"的模式，逐渐提升国际影响力。

二、提琴制造业空间分布和价值分配格局

经历三四百年的传播发展，提琴产业已成为一个世界性的产业。当前，中国作为世界最大的提琴生产国每年提琴生产总量在 60 万 ~ 80 万把，

其中80%是普及的学习用琴，这些提琴80%出口到国外（杨凯，2007）。主要出口到美国、英国、德国、日本、韩国等国家和地区。如泰兴市溪桥镇，有70多家小提琴制造企业，100多家乐器配件制造厂，年产各式提琴约60万把，产木吉他、电吉他等乐器80万套，90%以上的产品出口五大洲的60多个国家和地区。全镇有2.5万人从事乐器制造，他们以该地区70%的劳动力创造出占国内70%、占全球30%以上的提琴产量①。

　　虽然中国提琴的产量在世界上占有优势，但在质量上和世界提琴相比还存有较大的差距。主要是装配工艺、零部件质量的差距。因此，中国提琴制造业主要盘踞在中、低端提琴的生产上，而世界上曾经的主要提琴生产国意大利、法国、德国、美国等已相继退出中低端提琴市场，其生产主要集中在中高端的提琴产品上。

　　即使在低端环节，我国提琴产业也普遍存在生产环节利润偏低、产品进入海外流通渠道后利润却居高不下的问题。在国内，某些大型提琴制造商销售利润仅为几美元的一把提琴，产品进入海外流通市场后，经销商获得的市场利润可能是国内提琴制造商销售利润的几十甚至几百倍（黄伟、孟建军，2006）。并且随着中国对外开放度的加大，一些韩国、中国台湾的提琴制造商移居中国，中国提琴制造企业在劳动力、原材料、土地等方面的优势也将不复存在。因此，中国提琴制造业的竞争不是国内提琴的竞争，而是与国外的竞争（黄伟、孟建军，2004）。

参考文献

　　[1] Jeffrey A. Tucker, The End of the US Piano Industry [J]. Mises Daily. 2008（10）：5.

　　[2] Shirtcliff P. L., 华天礽译，欧洲小提琴制作学校 [J]. 乐器，1984（6）：32–33.

　　[3] Williams. 王加红译. 钢琴鉴赏手册 [M]. 上海：上海科学技术

---

① 参考溪桥调研访谈录。

出版社，2005.22－23.

[4] 蔡馥如．在美国参观"钢琴300年"展 [J]．钢琴艺术，2002 (6)：51－52.

[5] 曹天厚．河合公司与施坦威公司开发中档价格的优质钢琴 [J]．乐器，1992 (1)：31－32.

[6] 代百生．钢琴乐器的演变历史（下） [J]．钢琴艺术，2009 (10)：29－34.

[7] 丰元凯.2003年中国钢琴产量评述 [J]．乐器，2004 (3)：54－55.

[8] 高继海．钢琴在19世纪英国小说中 [J]．英美文学研究论丛，2007 (2)：46－58.

[9] 黄伟，孟建军．提琴产业：我们在和谁竞争 [J]．乐器，2006 (9)：6－9.

[10] 矾村尚德．南朝鲜钢琴出口超过日本 [J].1990：24－25.

[11] 贾玉海．乐器皇后小提琴 [J]．小演奏家，2002 (1)：22－23.

[12] 陆平阳．一九八一年生产销售大幅度下降 日本乐器工业面临历史性转折 [J]．乐器.1982 (5)：27.

[13] 刘芳．钢琴的发展历史及其基本演奏技巧 [J]．北方音乐，2009 (7)：20－21.

[14] 罗霄．"世正"已准备成为吉他和钢琴全球化生产商 [J]．乐器，2003 (5)：101－104.

[15] 李胜华译．瑙海姆——德国乐器制造中心．乐器 [J].1989，(10)：31.

[16] 力木．南朝鲜钢琴工业考察 [J]．乐器，1990 (4)：21－22.

[17] 李鸿铮．中国进入世界钢琴生产大国之列 [J]．中国对外贸易，1996 (9)：45－46.

[18] 刘澄．国际投资的价值分配格局分析 [J]．中央财经大学学报.2002 (4)：70－73.

[19] 刘振权．小提琴艺术史（二）[J]．北方音乐，1981 (5)：46－58.

［20］李书. 中国提琴产业的发展现状和未来［J］. 乐器，2008（5）：104－108.

［21］刘东译. 雅马哈改造英国钢琴厂. 乐器［J］.1988（9）：15.

［22］马云俊. 产业转移、全球价值链与产业升级研究［J］. 技术经济与管理研究，2010（4）：139－143.

［23］孟建军，朱坚坚. 中国提琴行业现状掠影［J］. 乐器，2001（7）：10－12.

［24］乔幽坤. 施坦威钢琴的艺术人生［J］. 华人世界，2007（8）：158－159.

［25］修哈. 日本通产省公布1983年度乐器产业生产贸易统计数字［J］. 乐器.1984：14.

［26］修哈. 南朝鲜的钢琴工业［J］. 乐器科技.1980（3）：32.

［27］溪融. 小提琴制作在中国［J］. 音乐世界，1997（7）：8－10.

［28］杨凯. 对我国提琴制造业的一些思考［J］. 乐器，2007（11）：106－109.

［29］杨宇. 欧美钢琴工业概况［J］. 乐器，1975（2）：29.

［30］赵云峰. 钢琴完全手册［M］. 北京图书馆出版社，2006.45－46.

［31］张荣良. 鲍德温联合公司［J］. 乐器，1980（5）：32－33.

［32］赵国雄. 珠江钢琴奏出华丽的世界乐章［J］. 中国质量，1997（7）：33－35.

［33］朱华友，刘金俭. 基于全球转移的乐器制造业价值链空间分布［J］. 世界地理研究，2012，21（2）：93－99.

新中国成立以来我国乐器制造业的空间格局演变

第一节　我国西洋乐器制造业的空间格局与演变

西洋乐器包括钢琴、提琴、西管乐器、吉他、电子乐器等，西洋乐器制造业是我国乐器制造业中的重要组成部分。近些年来，我国西洋乐器产品在国际上的影响力越来越大，如钢琴、小提琴、西管乐器等产量已经跃居世界第一位。表3-1、表3-2和表3-3列出了2009年全国西洋乐器制造业主要乐器产品产量。

表3-1　　　　2009年全国钢琴制造业主要企业及其产量

序号	企业名称	所在省份	产量（架）
1	广州珠江钢琴集团有限公司	广东	85457
2	北京星海钢琴集团有限公司	北京	38909
3	杭州雅马哈乐器有限公司	浙江	34058

序号	企业名称	所在省份	产量（架）
4	杭州嘉德威钢琴有限公司	浙江	12946
5	海伦钢琴股份有限公司	浙江	13031
6	青岛世正乐器有限公司	山东	12961
7	上海欧亚钢琴公司	上海	8955
8	南京摩德利钢琴有限公司	江苏	8723
9	上海玛珂琴业有限公司	上海	7032
10	上海超拔实业有限公司	上海	7000
11	上海钢琴有限公司	上海	6410
12	鲍德温（中山）钢琴乐器有限公司	广东	6086
13	福州和声钢琴公司	福建	6039
14	湖州杰士德钢琴有限公司	浙江	5300
15	烟台博纳斯钢琴有限公司	山东	5002

资料来源：中国乐器年鉴（2010）。

表 3－2　　　　　　　2009 年全国提琴制造业主要企业及其产量

序号	企业名称	所在省份	产量（把）
1	江苏凤灵乐器集团	江苏	351800
2	北京华东乐器有限公司	北京	186000
3	河北金音乐器集团有限公司	河北	178480
4	广州市红棉提琴有限公司	广东	50002
5	河北克发乐器制造有限公司	河北	35000
6	广东揭阳长城乐器有限公司	广东	25000
7	广州吉声琴业有限公司	广东	9328
8	河北銮宇乐器公司	河北	8700
9	北京森林乐器有限公司	北京	1000

资料来源：中国乐器年鉴（2010）。

表 3－3　　　　　2009 年全国西管乐器制造业主要企业及其产量

序号	企业名称	所在省份	产量（支）
1	河北金音乐器制造有限公司	河北	410800
2	天津市津宝乐器有限公司	天津	198000
3	天津圣迪乐器有限公司	天津	195300

序号	企业名称	所在省份	产量（支）
4	山东泰山管乐器制造有限公司	山东	115020
5	萧山雅马哈乐器有限公司	浙江	87512
6	河北华声乐器制造有限公司	河北	82260
7	河北克发乐器制造有限公司	河北	65000
8	河北中轻北方乐器有限公司	河北	60000
9	龙口锦盛乐器有限公司	山东	48000
10	河北銮宇乐器公司	河北	36500
11	上海管乐器厂有限公司	上海	30700
12	北京多丽纳乐器厂	北京	17000
13	北京管乐器厂	北京	12560

资料来源：中国乐器年鉴（2010）。

一、改革开放前（1949～1978年）：西洋乐器行业体系初步建立

经过1956年社会主义合作化，西洋乐器行业95%以上劳动力和生产资料以及成百上千个乐器手工作坊经过改制成立"乐器合作社"。一批国营、公私合营、集体所有制乐器生产企业也由此诞生，而私营、外资企业几乎没有。该时期，西洋乐器门类基本齐全，行业体系初步建立，乐器产量很小。据不完全统计，1978年各类西洋乐器产量分别为：钢琴6326架，西管乐器5.56万支，提琴27.44万把，口琴399万只，手风琴4.49万架。工业总产值约6000万元。

在钢琴方面，新中国成立后形成的北京、上海、营口、广州四大国营钢琴厂，成为国产钢琴生产四大支柱，产量约占全国的85%，这种格局一直延续到改革开放初期。当时全国钢琴的总产量不到8000架，其中产量最大的是北京钢琴厂，它的年产量大约4000架，占到全国产量的一半。

西管乐器是由一批原来从事首饰业的劳动者转入生产，逐渐发展成为具有一定规模的西管乐器生产企业。有代表性的西管乐器生产企业有北京管乐器厂、大连铜管乐器厂、上海管乐器厂、天津管乐器厂和广州管乐器厂，这五大厂都是国营企业，占据全国管乐器行业80%的份额。当时管乐

器品牌主要有北京星海、上海百灵、大连前进、天津鹦鹉和广州珠江。该时期西管乐器产量很小，全国年产量不足2万支。

中国的提琴制造业经过了一个从无到有的过程。1958年，上海音乐学院教授、我国著名的提琴制作界老前辈谭抒真在上海举办了一次高级提琴制作班，为期一个月，毕业的学员们在上海、广州、北京、苏州、成都和营口等地建立了一些比较有规模的提琴工厂，初步形成了那个时代我国提琴制造业的基本格局，这时候的提琴工厂基本上都是国营或集体的。

其他类别乐器，具有一定规模的生产企业也逐渐发展起来：上海地区以口琴为主，著名品牌有"国光"、"上海"；手风琴主要集中在天津，著名品牌有"鹦鹉"。

二、改革开放初期（1979～1991年）：西洋乐器制造业发展较快

改革开放初期，西方乐器文化开始涌入国门，钢琴、小提琴、西管乐器、电子琴等乐器在市场上需求量大增，产品供不应求。此外，随着国有企业的改革，民营企业和个体经济开始活跃，发展较快。据统计，1991年各类西洋乐器产量分别为：钢琴48958架，是1978年产量的7.7倍，西管乐器8.26万支，较改革开放前增加了2.7万支，提琴13.13万把，口琴216万只，手风琴8.27万架。工业总产值达到4.17亿元，是改革开放前的7倍左右。

钢琴产业方面，1978年以前，全国钢琴总产量也就是2万～3万台，而在1991年，全国钢琴总产量已经达到了5万台。在整个钢琴产业发展的过程中，虽然还是以北京、上海、广州、营口四个老厂为主，但随着国有企业体制改革的进一步加快，一大部分国有企业转制为民营企业，新成立的一些钢琴厂发展也很快，逐渐发展成日后行内的龙头企业。

提琴制造业由以国营企业生产为主转向以民营企业生产为主，国有、外资等多种经济成分并存。乡镇企业、民营企业得益于低成本、低税收和政策扶持，迅速进入提琴制造业，成为我国提琴制造业的主力军，其中代表的企业有河北金音乐器有限公司等。

西管乐器行业，随着改革开放的展开，北京管乐器厂、上海管乐器厂等国营五大管乐器厂地位下降，但仍占据主要份额，民营企业开始崭露头角，优势逐渐凸显，但实力有限。

三、改革开放不断深入（1992～2009年）：西洋乐器制造业快速发展

随着改革开放的不断深入，西洋乐器行业保持着持续上升的状态，是新中国成立以来发展最快的时期。该时期西洋乐器产业发展主要有以下几个特点：一是以公有制为主体，多种所有制经济共同发展，门类齐全，配套完整的乐器生产体系基本建立；二是乡镇企业发展迅速，形成了众多具有区域特色的产业集群；三是外资企业大量涌入，中国本土企业面临严峻的形势。据统计，2009年西洋乐器规模以上企业产量分别为：钢琴32.4万架，提琴84万把，西管乐器138万支，口琴1416万支。2009年规模以上乐器生产企业工业总产值达到102.2亿元，是1991年的24倍多。

钢琴产业方面，在广州珠江、北京星海等国有乐器企业快速发展的同时，民营企业也在不断发展壮大。原国有企业配套加工点逐渐发展扩大，独立自主经营，并与国有企业分离成为民营企业，其规模有的已经超过原有国有企业。如：海伦钢琴股份有限公司等。1991年，全国钢琴总产量也就是4万～5万台，而在2007年，全国钢琴总产量已经达到了近40万台，连续多年位列世界钢琴产量第一。

在提琴制造业方面，随着市场经济的深入发展和政府对私营企业的大力支持，民营企业开始取代国营企业成为行业核心力量，其中泰兴凤灵、北京华东、河北金音的提琴产量占到行业总产量的50%以上。在品牌建设方面，由最初的红棉、星海等几个品牌发展到数十个品牌，并且有的品牌如红棉、凤灵等还走向了国际市场。

西管乐器行业，随着改革开放的深入，管乐器企业通过加强自身的发展和学习国外先进技术，行业中的中外合资、中外合作企业以及国外客户都有很大的增长，如：北京的民耀乐器公司，还有台湾功学社在北京成立

的双燕乐器公司等，这些合资、合作的管乐器厂创造了许多出口创汇的机会。此外，民营管乐器厂发展也很迅速。其中代表的企业有河北金音、天津津宝、山东龙口等。管乐器产业的主力开始由原来的国营企业转向民营企业和外资、合资企业。原来的五大管乐厂，则由于改革步伐较慢，相对保守，市场和产品开发不同步等问题，发展反而落后。

第二节　我国民族乐器制造业空间格局的演变轨迹

中国的民族乐器源远流长，包括二胡、古筝、琵琶、柳琴、月琴、大胡等，品种繁多。民族乐器制造业是我国制造业中的传统产业，新中国成立60年来，民族乐器制造业空间格局处于不断的演化过程中。改革开放以前，民族乐器制造业在全国大中城市分散布局，但龙头企业主要分布在沿海五大城市（北京、上海、苏州、天津、广州）。这一时期的格局主要受国家计划经济政策的影响；经济转型时期（1978~1992年），民族乐器企业从分散在全国大中城市走向集中，主要集中在北京、上海和苏州三地。这一时期，国际环境和经济政策起到了关键作用；1992年后，我国民族乐器制造业逐渐从集中走向分散，基本覆盖全国，各地企业"扎堆"，形成众多的产业区。这一时期，经济全球化、企业家精神和知识溢出效应等成为影响其空间分布的核心要素。表3-4列出了2009年全国民族乐器制造业主要乐器产品产量。

表3-4　　　　　2009年全国民族乐器制造业主要乐器产品产量

序号	企业名称	所在省份	产品类别及产量		
			古筝（件）	琵琶（件）	二胡（件）
1	安徽省繁昌县明坤乐器厂	安徽		200	2000
2	北京星海粤华乐器公司	北京			
3	北京长安乐器有限公司	北京			500
4	河北成乐民族乐器有限公司	河北	600	5000	8000

序号	企业名称	所在省份	产品类别及产量		
			古筝（件）	琵琶（件）	二胡（件）
5	饶阳北方民族乐器制造有限责任公司	河北	1200	6320	31500
6	河北乐海乐器有限公司	河北	20350	15280	43950
7	河南开封中原乐器有限公司	河南	8000	5000	1500
8	苏州民族乐器一厂有限公司	江苏	127	2328	53590
9	扬州民族乐器研制厂	江苏	10500		
10	扬州正声民族乐器厂	江苏	6500	600	
11	扬州龙凤古筝有限公司	江苏	3250		
12	扬州金韵乐器御工坊有限公司	江苏	10135		
13	扬州天艺乐器厂	江苏	8000		
14	无锡锡艺乐器厂	江苏			4000
15	无锡市新区古月琴坊	江苏			5380
16	扬中市金晨实业公司长鸣乐器厂	江苏	580	220	1320
17	扬州天韵古筝有限公司	江苏	16700		
18	江西省余干县民族乐器有限公司	江西	500		7000
19	上海民族乐器一厂	上海	51677	15775	53160
20	上海华黎民族乐器厂	上海	1500	300	1800
21	上海敦煌乐器有限公司	上海	17093	882	18709
22	天津民族乐器厂	天津		500	15000
合计			156712	52405	247409

资料来源：中国乐器年鉴（2010）。

一、起步阶段：计划经济时期（1949~1978 年）

该阶段为我国民族乐器制造业的起步阶段，产业空间分布特点为：第一，工业布局在大中城分散展开，但龙头企业主要集中在沿海五大城市（北京、上海、苏州、天津、广州），企业之间缺乏联系；第二，总产量大，内地和沿海地区产量差距明显，省区集中度高。1978 年产量居全国前 5 名的北京、上海、江苏、天津和广东占全国总产量的 81.7%。

新中国成立初期，乐器行业基本上是空白，90% 以上是私营企业和个体手工作坊。经过 1956 年社会主义合作化，全国范围内除少数手工作坊仍保持原有私有制外，95% 以上合并为全民或者集体所有制企业，这一政策大大促进了民族乐器制造业的发展。这时期由于新中国成立,人民翻身做了主人,建设热情高涨,各种文艺演出遍布全国,民族乐器产量大。

大型企业主要集中在沿海大城市,以北京、天津、上海、广州、苏州为主,内地城市如长沙、郑州、长春、沈阳、成都、徐州、武汉等也都建有民族乐器厂。当时的代表企业主要有沿海地区国营五大厂,分别为北京民族乐器厂、上海民族乐器一厂、苏州民族乐器一厂、天津民族乐器厂、广州民族乐器厂等,产量占全国的80%以上。内地民族乐器制造业虽然有了一定发展,但其生产能力、技术水平、市场及元器件配套能力远不及沿海地区。

少数民族乐器生产主要分布在中西部地区,主要生产企业有新疆民族乐器厂、贵州玉屏箫笛厂、呼和浩特民族乐器厂、延边民族乐器厂、昆明乐器厂等,也都是国有或集体企业。除此之外,大部分少数民族乐器是以农村个体家庭手工形式进行生产,民族乐器生产企业基本上是满足于当地市场,表现为地区性局部性的生产,规模较小,经济效益不明显。

二、初步发展阶段:计划经济向市场经济转型时期(1979~1991年)

该阶段民族乐器制造业开始初步发展,空间分布特征表现为:第一,初期众多民族乐器中小企业停产和倒闭,产量锐减,企业从分散在全国大中城市走向集中,主要集中在北京、上海和苏州三地,产量集中度进一步提高。1984年产量居全国前五名的北京、上海、江苏、天津和广东占全国总产量的85.3%,比1978年提高了3.6%,仅北京、上海、江苏三地就占了71.3%;第二,1985年以后,随着改革开放的深入,开辟了国内国外两个市场,行业逐渐复苏,原先停产、转产的企业开始重建,恢复生产民族乐器。

改革开放初期,西洋音乐开始大量涌入中国,"钢琴热"、"电子琴热"、"吉他热"持续不断,而民族乐器受到了冷落,众多中小企业停产和倒闭。由于市场问题,甚至连天津和广州民族乐器厂这两个老牌国营大企业也很快衰落。而北京民族乐器厂、上海民族乐器一厂、苏州民族乐器一厂虽然情况没那么严重，但也仅能勉强维持。其他各省市民族乐器厂基本上都相继转产或者停产，民族乐器企业从分散在全国大中城市向北京、上海、苏州三地集中。

为了帮助民乐企业渡过难关，国家实行了"借庙躲雨，留根保苗"政策，并提供优惠贷款，这些政策为以后的民族乐器的复苏起到了十分重要的作用。1985年以后，改革开放进一步发展，继"钢琴热"后，很快出现了"民乐热"，学习民族乐器的人越来越多了，部分之前停产、转产的企业重新开始生产民族乐器，特别是由于民乐的"根"在中国，吸引了大量的东南亚地区、日本、韩国以及我国台湾、香港地区乐器采购商，向北京、上海、苏州等地的民族乐器生产企业直接订货，民族乐器制造业成功开辟国内国外两个市场。

这一时期随着经济体制的改革，国家对私营经济的政策逐渐宽松，1985年以后，私营企业和合资企业有所发展，但力量有限。北京民族乐器厂在河北的饶阳、肃宁、怀来等地兴建了一批乡镇加工点，这些加工点就是后来河北骨干私营民族乐器企业的雏形。1988年，河南兰考和台湾商人合资创办开封中原民族乐器有限公司，后来发展成河南地区最大的民族乐器企业。

三、快速发展阶段：市场经济时期（1992～2009年）

这一阶段民族乐器制造业发展迅速，产业空间格局发生巨大变化，主要有以下特征：第一，民乐生产从集中在北京、上海、苏州三地走向分散，基本覆盖全国，各地企业"扎堆"，形成众多的产业区；第二，河南、河北、山东等地乡镇私营企业强势崛起，取代北京、上海、江苏成为产量和产值最大的地区，产量集中度开始降低。2009年产量居全国前五名的河南、河北、山东、上海和江苏占全国总产量的75.4%，比1992年降低了7.8%。

1992年以后，国家进一步鼓励和扶持私营企业，乡镇企业家开始活

跃，核心国营大厂知识和技术溢出现象明显，北京地区的民族乐器生产向
河北地区转移，原来作为北京民族乐器厂加工点的一些河北乡镇企业开始
独立生产，逐渐形成乡镇私营企业产业区，取代了北京民族乐器厂的地
位。也有一些北京民族乐器厂的技术工人下海，办起了个体手工作坊，使
北京地区的民族乐器生产向分散的多元化生产格局发展（见图 3 – 1）。与
此同时，苏州民乐生产也开始向外扩散，以苏州民族乐器一厂为中心周边
地区出现了大量规模不同的民乐企业，多为民营企业，产业集聚明显（见
图 3 – 2）。另外，河南、甘肃等地企业也从单纯的木材加工发展成为综合
民乐生产企业，像开封龙音乐器公司等。

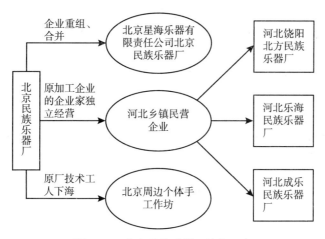

图 3 – 1　北京民族乐器厂演化示意

与此同时，随着我国实行进一步对外开放政策，一些外商开始与我国
民族乐器生产企业成立合资公司，如北京民族乐器厂与香港粤华民族乐器
有限公司成立了北京粤华民族乐器有限公司，上海民族乐器一厂与香港合
资成立了上海敦煌乐器有限公司，苏州民族乐器一厂与台湾商人成立了合
资公司。这时期外商投资有两个特点：一方面外资倾向于到产业基础好、
市场广阔和基础设施完善的大城市投资；另一方面，外资企业一般为外向
型企业，为便于出口，多选择在沿海地区投资。

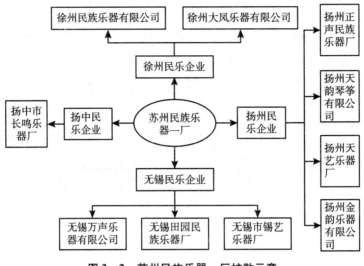

图 3 – 2　苏州民族乐器一厂扩散示意

在这一时期，具有区域特色的民族乐器生产集群蓬勃发展，其中包括扬州的古筝之乡、浙江余杭的箫笛之乡、河南兰考的乐器原材料供应基地、河北饶阳和肃宁的民族乐器生产基地、天津静海民族乐器村、山东郯城的二胡生产基地、武汉响铜乐器生产，形成了本地区民族乐器生产从原料种植到采购、加工、零部件配套、销售、服务一条龙产业链。山东、河北、河南的乡镇私营民族乐器产业发展，经过二十多年的发展无论是产量和产值都占据全国大部分份额。2009 年，河北、山东、河南三省的民族乐器总产值占全国的 62.5％，江苏和上海以苏州民族乐器一厂和上海民族乐器一厂为核心，仍占有重要地位，由于市场和自身改革不利，继天津和广东等老牌生产大省，北京的民乐产业也开始衰落（见图 3 – 3）。

20 世纪 90 年代以来，民营企业和外资企业比重不断增加，国有企业影响力逐渐下降，民族乐器生产企业形成了以民营企业为主导，国有、民营、外资企业共同发展的态势。1992 年，我国民营民族乐器企业数量只占 17.3％，外资企业 6.1％，国有企业 75.6％，到 2009 年，民营民族乐器企业数量达到 49.6％，外资企业 37.3％，国有企业数量下降到 3.1％（见表 3 – 5）。

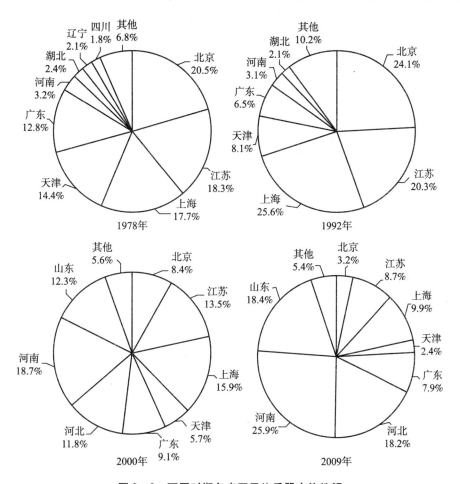

图3-3 不同时期各省区民族乐器产值份额

资料来源：中国轻工业年鉴（1979，1993，2001），中国乐器年鉴（2010）。

表3-5　　　　　不同时期民族乐器不同所有制企业数量份额　　　　　单位：%

企业性质	1978 年	1992 年	2000 年	2009 年
国有	93.7	85.6	30.7	3.1
民营	3.2	7.3	34.1	49.6
外资	1.6	3.1	31.5	37.3

资料来源：中国轻工业年鉴（1979，1993，2001），中国乐器年鉴（2010）。

第三节　我国乐器制造业空间格局的演化机制

一、产业政策

国家的产业政策是我国乐器制造业空间格局演化的关键因素，在不同时期都起着重要的作用。计划经济时期，我国实行的是高度集中统一的计划经济政策，乐器产业的布局取决于国家的行政政策，不重视市场需求和产业的区位条件，造成了其工业分布在大中城市分散展开。1956 年社会主义合作化，95% 以上的私营企业合并为全民或者集体所有制企业，民族乐器产业中，分布在沿海大城市的国营五大厂占全国总产量的 80% 以上，而像钢琴产业的四大国营支柱企业和管乐器行业的五大厂，以及提琴制造业一些规模比较大的企业，也都是在沿海大中城市布局，其他中小城市也有分布，但规模小，产量低。经济转型阶段（1978 ~ 1992 年），随着改革开放的兴起，"钢琴热"、"电子琴热"、"吉他热"持续不断，而民族乐器受到了冷落，众多中小企业停产和倒闭，国家实行"借庙躲雨，留根保苗"政策，并提供优惠贷款，这些政策对日后民族乐器的发展意义重大。1985 年以后，随着改革开放的不断深化，国家对私营企业的政策逐渐宽松，私营和外资企业有所发展，为后来乐器产业的繁荣打下基础。1992 年以后，随着市场经济体制的确立，国家进一步鼓励和扶持私营企业，私营和外资企业开始兴起，逐渐占据主导地位，乐器产业生产从集中在北京、上海和江苏、广州走向分散，基本覆盖全国，各地企业联系加强，集聚明显。该阶段政府职能也开始转变，注重公共服务，完善基础设施建设，构建产业发展支持体系，改善投资环境等。

二、企业家精神

在我国乐器制造业发展的最初阶段，企业家创新起到了重要作用，企业家们积极创造适合乐器产业发展的环境，使区域条件适应产业的发展。在创业初期，由于经济体制的制约，私营企业缺乏人才、技术和设备，发展举步维艰，但这些乡镇企业家利用当地木材丰富、劳动力便宜等优势，通过动用社会关系，与国营大厂洽谈等办法，积极促成在国营大企业周围建立加工点，为其生产乐器零部件。像河北饶阳北方民族乐器制造有限责任公司、泰兴风灵乐器有限公司等的前身就是国营大厂周边的加工点。后来，随着市场经济不断发展，国家开始鼓励和扶持私营企业，这些农民企业家通过向政府寻求支持，培养和重金引进人才等措施，逐渐摆脱了国营大企业的控制，开始独立经营，很多成了行内的骨干企业，直接推动了乡镇私营企业的繁荣发展。

三、经济全球化

经济全球化是民族乐器制造业空间格局演变的核心要素之一。经济转型阶段，由于我国实行对外开放政策，大量的西洋乐器涌入国内，西洋乐器发展繁荣，企业遍布全国，而民族乐器制造业受到严重冲击，中小企业大都停产、倒闭，由于市场问题，天津和广州等老牌国营大厂也开始衰落，民乐企业从分散在全国大中城市走向集中，形成了北京、江苏和上海三分天下的局面。1985 年以后，随着改革开放的深入，西洋乐器产业得到了进一步发展，外资、合资企业逐渐增多，乡镇私营企业也有所发展。民族乐器产业由于东南亚地区，日本、韩国以及我国台湾、香港地区乐器采购商向我国大量的订货，产品出口量大幅增长，原先倒闭、停产的许多民乐企业开始重新生产，民族乐器制造业逐渐复苏。1992 年以后，随着市场经济体制在我国的确立和进一步实行对外开放政策，外商纷纷来投资，合资和外资企业开始兴起。1992 年，外资企业数量只占 6.1%，到 2009 年达到了 37.3%，乐器产业格局发生深刻变化。

四、知识溢出效应

知识溢出效应对民族乐器产业空间分布和演化影响巨大。经济转型时期，知识溢出效应开始凸显，在国营大厂周边出现了许多加工点，这些加工点就是日后骨干私营民乐企业的雏形。1992 年以后，随着市场经济体制在我国的确立，国营大企业知识溢出和扩散效应进一步加强，由于知识和技术溢出具有空间临近性，一般是在一定的地域范围内传播，北京地区以北京钢琴厂、北京民族乐器厂等老牌国营大企业为核心，上海地区以上海民族乐器一厂、上海钢琴厂等为中心，知识和技术逐渐向周边地区溢出和扩散，衍生了众多的中小乡镇民营企业，集聚现象明显，本地生产网络逐渐形成，产业区进一步壮大。

我国乡镇乐器产业区空间整体格局

在我国，乐器制造业的发展有着悠久的历史。20 世纪 80 年代以来，随着改革开放的深化和经济体制的转变，我国乐器制造业由原先计划经济体制下主要分布地的城市逐渐扩散到各大乡镇①。同时，乐器制造业的区位选择呈现出两种不同的选择路径，即在全国范围内的分散性和地方尺度上的集聚性②，形成了"城市—乡镇"并举发展的空间格局。近年来，在国家宏观政策、各地政府的推动和企业家的努力等多种因素的共同作用下，乐器制造业专业化产业区发展总体趋势看好。

第一节　我国主要乡镇乐器产业区的空间分布

一、民族乐器产业区的空间分布

民族乐器作为我国音乐文化遗产的一部分，具有久远的制造历史。我

---

①　在计划经济体制下，我国工业品的生产受到国家指令的安排，那个时候工厂主要分布在城市。改革开放后，原先从事农业劳作的农民的积极性得到了充分的发挥，在乡镇农村，乐器制造企业也逐渐成长起来。

②　全国范围内的分散性，是指乐器制造业在全国的多个地方发展起来。地方尺度上的集群性，是指某个地区的乐器制造企业呈相对的集中分布。

国地大物博，自然资源丰富，各地的文化特色鲜明，经过了原始社会、奴隶社会、封建社会的历史更迭，民族乐器经历了由简到繁、低级到高级的蜕变，种类更是达数千种之多。随着市场经济的发展，虽然各类民族乐器南北方分异的市场格局已被打破，但由于民族乐器的生产受各地植被资源、审美习惯和制作工艺传袭的影响，其生产地区位基本上没有很大变化。目前，我国较有规模的民族乐器生产企业主要集中在河南、山东、广东、上海、河北、江苏、湖北、福建、江西9个省市①，也见于北京、浙江、贵州、安徽、云南、四川等省市，这些企业在地理上的集中分布形成了或大或小近20个民族乐器制造业产业区（见表4-1）。在这些民族乐器企业中，规模较大的企业有一部分是计划经济体制下的集体企业转制而来，无论是在生产设备、场地规模、市场份额，还是在管理经验、资金积累、品牌影响等方面都具有强大优势。从企业占比来说，这类企业的企业数量较少（见表4-2）。我国乡镇民族乐器制造企业大多是在20世纪90年代发展起来的，一般规模较小，但数量庞大。企业家们在当地的文化氛围的影响下，依托当地的自然资源选址建厂。厂房不少是由民宅改装而成，设备相对落后，管理较为松散。到了21世纪初，我国各地大搞园区建设，不少企业在政府的规划引导下进入园区设厂，但并未远离本地的优质自然资源。

表4-1　　　　　　　我国主要乡镇民族乐器产业区分布情况

省、直辖市	民族乐器产业区
河南	兰考民族乐器产业区；开封民族乐器产业区
山东	郯城民族乐器产业区
陕西	杨陵民族乐器产业区
浙江	余杭中泰乡笛箫乐器产业区
江苏	扬州古筝乐器产业区；无锡民族乐器产业区；苏州民族乐器产业区
四川	成都锣鼓乐器产业区

---

① 中国乐器协会信息部. 2008 年中国乐器行业年度报告——民族乐器制造业. http: // www. cmia. com. cn/zazhi1/detail. aspx? id = 59.

续表

省、直辖市	民族乐器产业区
湖北	武汉锣鼓乐器产业区
贵州	玉屏笛箫乐器产业区
安徽	天长古筝乐器产业区
上海	上海民族乐器产业区
北京	北京民族乐器产业区
云南	昆明民族乐器产业区
河北	饶阳民族乐器产业区
福建	福州民族乐器产业区
天津	天津民族乐器产业区
江西	余干民族乐器产业区

资料来源：作者根据《中国乐器年鉴（2011）》及网络资料得出。

表 4 – 2   2010 年我国民族乐器规模以上企业名录

地区（数量）	企业名称
北京（3 家）	北京长安乐器有限公司、北京星海钢琴集团粤华分公司、北京钧天坊古琴文化艺术传播有限公司
天津（1 家）	天津市民族乐器厂
河北（3 家）	饶阳北方民族制造有限责任公司、河北乐海乐器有限公司、河北成乐乐器有限责任公司
河南（2 家）	开封中原民族乐器有限公司、河南开封汤红伟古筝制作坊
江苏（12 家）	苏州（2 家）：苏州市平江区北塔乐器厂、苏州民族乐器一厂有限公司 扬州（6 家）：扬州民族乐器研制厂、扬州市正声民族乐器厂、扬州龙凤古筝有限公司、扬州金韵乐器御工坊有限公司、扬州天艺乐器厂、扬州天韵古筝有限公司 无锡（2 家）：无锡锡艺乐器厂、无锡市新区古月琴坊 其他地区（2 家）：扬中市长鸣乐器有限公司、江苏东方乐器有限公司民乐分公司
江西（1 家）	江西省余干县民族乐器有限公司
上海（3 家）	上海民族乐器一厂、上海华黎民族乐器厂、上海敦煌民族乐器厂

资料来源：作者根据《中国乐器年鉴（2011）》整理。

从表 4 – 1 中可以看出，我国乡镇民族乐器专业化产业区主要分布在我国的东部地区的北京、天津、河南、江苏、浙江等地，中西部地区规模稍大的产业区较少。南北分布差异不明显。

以下着重介绍河南兰考、山东郯城、陕西杨陵、浙江中泰和江苏扬州五个民族乐器产业区：

（1）河南兰考古筝、琵琶乐器产业区。兰考县位于河南省东北部，东连商丘，西接开封，是通往鲁西南的重要门户，总面积 1116 平方公里，是著名的"泡桐之乡"[①]。兰考的泡桐也称为"兰桐"。受当地地理、气候、土质等条件的影响，在沙质土壤中生长起来的兰桐疏松度适中，材质轻柔，结构均匀，不翘不裂不变形，耐蚀耐腐耐高温，是制作乐器的上乘材料，所制成的乐器音板纹路清晰美观，共鸣程度高，透音性能好，具有优良的声学品质。经北京乐器研究所对全国十几个地区桐木板材的研究鉴定，确定兰考泡桐为全国制作古筝、琵琶面板等乐器的上乘材料[②]。全国以板材为导音材料的民族乐器有 30% 产自兰考，以桐木音板为原材料生产的民族乐器，90% 以上用的是兰考泡桐[③]。目前，兰考县约有民族乐器制造企业 30 多家，大部分是规模小的企业和家庭作坊，品牌意识低，无序竞争严重，农民创办的企业面临着市场考验（杨阳，2007）。

（2）山东郯城二胡乐器产业区。郯城县位于山东省东南部，东邻临沭县和江苏省东海县，西接苍山县，南连江苏省新沂市、邳县，北靠临沂市，面积 1312.6 平方公里，是闻名的"银杏之乡"。据了解，山东郯城县目前有二胡制造企业 100 多家，主要集中在庙山镇，企业规模不大，以家庭作坊式生产为主。制造二胡等乐器的木材大多是从国外进口，而一些零配件也大多是从我国南方购入，当地关于二胡等乐器制造的零配件企业少。近两年来，由于国家产业政策的调整，当地政府也加强了对郯城县民族乐器产业区的重视程度。

（3）陕西杨陵铜鼓乐器产业区。陕西杨陵区地处关中平原腹地，东以

---

① 兰考县人民政府信息网．兰考县情．http：//www. lankao. gov. cn/asp/detail. asp？ID = 809F349F - 9EF3 - 4137 - 85A3 - 5FBD25A38C9F.

② 兰考县人民政府信息网．开封中原民族乐器有限公司．http：//www. lankao. gov. cn/asp/detail. asp？ID = 52F014F3 - 70DC - 4752 - 877B - B488DE054513.

③ 石岩．泡桐做乐器 奏响致富曲［EB/OL］．http：//zzshiyan. blog. 163. com/blog/static/18286209200772651031143/.

漆水河与武功县为界，南以渭河与周至县相望，北以河与扶风县毗邻，西与扶风县接壤，全区总面积135平方公里①。杨陵区杨村乡上川口村位于杨陵城区的东部3公里处，全村铜鼓加工业的历史悠久，距今已有300多年，"女人会烧火，男人精铸铜，老人善做鼓，青年跑经营"是该村的标志，村里生产的锣鼓乐器与湖北武汉、江苏苏州、四川成都生产的锣鼓乐器一道被誉为全国铜鼓乐器"四大名家"。近年来，上川口村全年从事锣鼓生产的农户有50多家，其中30家左右已由最初的家庭作坊发展成为具有一定规模的加工企业②。

（4）浙江中泰笛箫乐器产业区。浙江中泰乡位于杭州市西郊，距杭州市市中心25公里，区域面积70.13平方公里，属于半山区，森林覆盖率达66.3%，是著名的"苦竹之乡"。苦竹又称笛竹，其竹竿通直、节间长，是制作笛、箫、笙等民族管乐器的上等材料。中泰乡凭着"得天独厚的竹笛资源优势，其竹笛产业在我国乐器行业中特色明显，处于突出地位，普及和专业产品种类齐全，产业发展稳定，已形成包括苦竹种植、竹笛加工、配件生产、产品销售、音乐教育等为一体的具有一定规模的产业体系。"③经过近30余年的发展，中泰目前共有竹笛生产厂家、配套企业近130家，从业人员1500多人，竹笛产量占全球的80%，年产值达7000余万元④。

（5）江苏扬州古筝乐器产业区。扬州，地处江苏中部，南部濒临长江，北与淮安、盐城接壤，东河盐城、泰州毗连，西与南京、淮安及安徽省天长市交界，全市总面积为6634平方公里。扬州自1983年第一家古筝制造企业成立以来，现已发展成为具有200多家古筝制造企业的古筝制造

---

① 杨陵区政府公众信息网．杨陵区情概况．http：//www.ylqzfw.gov.cn/News_View.asp?NewsID=78.

② 陕西农业网．杨陵区杨村乡上川口村锣鼓产业发展情况简介［EB/OL］.http://www.sxny.gov.cn/Html/2008_07_25/2_1956_2008_07_25_63203.html.

③ 笛友之家．"中国竹笛之乡"专家组评审意见．http://cndizi.globalmi.com/news/detail.php?no=155086.

④ 中国乐器信息网．"中国竹笛之乡"申报汇报会在京举行．http：//www.cmii.com.cn/cn/news/2011-04/02/news_4266.html.

专业化产业区，是"中国古筝之乡"①。

二、西洋乐器产业区的空间分布

西洋乐器主要是指 18 世纪以来，欧洲国家已经定型的管弦乐器、弹弦乐器和键盘乐器，大约在明朝万历年间传入我国。中国人开始演奏西洋乐器是在清朝末年（立成，1980）。新中国成立后，在计划经济时代，我国西洋乐器制造厂由国家规划，主要分布在北京、上海、广东等大省。随着 20 世纪 90 年代民营经济的崛起，西洋乐器制造企业迅速在一些乡镇成长起来。与民族乐器制造企业的情况类似，我们乡镇西洋乐器制造企业的规模较小、布局较集中。目前，我国主要的乡镇西洋乐器产业区较多，如北京东高村镇提琴乐器产业区、天津子牙西洋乐器产业区、山东郿鄢镇电声乐器产业区、江苏溪桥小提琴乐器产业区、浙江洛舍钢琴乐器产业区等（见表 4 - 3）。

表 4 - 3 我国主要西洋乐器产业区分布情况

省、直辖市	西洋乐器产业区
北京	东高村提琴乐器产业区；通州钢琴乐器产业区
天津	静海县西洋乐器产业区
山东	郿鄢电声乐器产业区
江苏	溪桥镇提琴乐器产业区
浙江	德清洛舍镇钢琴乐器产业区；宁波钢琴乐器产业区
广东	广州西洋乐器产业区
辽宁	营口钢琴乐器产业区
山东	烟台钢琴乐器产业区
上海	上海西洋乐器产业区
湖北	武汉钢琴乐器产业区
重庆	西洋乐器产业区

资料来源：作者根据《中国乐器年鉴（2011）》及网络资料得出。

---

① 姚虔之，鲍仁. 打造扬州"中国古筝城". 详见：http://www. yznews. com. cn/yzrb/ht-ml/2009 - 06/09/content_708288. html.

从表 4-3 中可以看出，我国西洋乐器产业区在南北分布上并无明显数量和类型上的差异。从东西分布来说，西洋乐器制造业产业区主要分布在我国东部沿海地区，中部地区有少量分布。

以下着重介绍五个西洋乐器产业区：

（1）北京东高村镇提琴乐器产业区。东高村镇位于北京市东北部，距市区 70 公里，总面积 57 平方公里。东高村镇的提琴产业兴起于 1988 年，是"中国提琴产业基地"。目前，东高村镇有提琴制作及配件生产企业 20 家，配件生产农户 150 户，从业人员 3000 人。2010 年全镇生产各类提琴乐器 30 万把。东高村镇的"乐器文化产业园区"正在建造之中①。

（2）天津静海县西洋乐器产业区。静海县位于天津市西南部，东北距天津市 40 公里。东与滨海新区为邻，东北隔独流减河与西郊区相望，其余各方向为河北省诸市环绕：西北与霸州市相连，西与文安县接壤，西南与大城县毗邻，南与青县、黄骅县交界，全县面积 1476 平方公里②，享有"中国北方乐器之都"的美誉。全县已拥有乐器生产及零配件企业 100 多家，产品荟萃了西洋和民族乐器两大类，共 30 多个系列、120 多个乐器品种③。其中以蔡公庄镇为主的西洋乐器产业区，主要生产的乐器有铜管乐器、木管乐器、迷你礼品乐器、打击乐器，产品远销欧美 60 多个国家。另外，子牙镇作为民族乐器产业基地，主要生产葫芦丝、巴乌、笛子、箫、板胡、二胡、京胡、唢呐、笙、爵士乐器等乐器。中旺镇的华韵乐器和鹦鹉乐器，主要生产手风琴、脚踏风琴、古筝、爵士鼓、大小军鼓等产品。

（3）山东鄌郚电声乐器产业区。鄌郚镇，位于山东省昌乐县西南部，东连红河镇，西与临朐县接壤，南接安丘县，北交乔官镇，面积 223.9 平方公里，是山东省首批"特色专业镇"、"山东省电器乐器产业基地"和

---

① 中国轻工业网. 专家评审通过北京平谷东高村镇"中国提琴产业基地"称号. http：//www. clii. com. cn/news/content - 294909. aspx.

② 百度百科. 静海县. http：//baike. baidu. com/view/543257. html.

③ 张连杰. 静海乐器悠扬回荡演博会. http：//epaper. tianjinwe. com/tjrb/tjrb/2011 - 08/13/content_6503388. html.

"中国电声乐器产业基地"①。郾鄏镇乐器生产开始于 20 世纪 70 年代，80 年代开始生产小提琴等西洋乐器。目前，郾鄏乐器加工及配套企业已发展到 80 余家，乐器产品包括电吉他、电贝司、电钢琴、音箱、木吉他、木贝司 6 大系列 360 多个花色品种，从业人员 1 万人左右②。

（4）江苏溪桥小提琴乐器产业区。溪桥镇位于江苏省中部，北依地级市泰州市，南与苏州、无锡、常州隔江相望，是长江经济开发带的北部交汇点，面积 64.08 平方公里，是"中国提琴之乡"、"中国提琴产业之都"。溪桥提琴生产开端于 20 世纪 80 年代的公社企业，第一家乐器生产厂是溪桥公社乐器厂，当时只给上海乐器厂做一些简单的配件。经过 30 年的发展，溪桥镇现有乐器生产企业约 56 家，2.5 万人从事与乐器相关的工作③。

（5）浙江洛舍钢琴乐器产业区。浙江德清县洛舍镇位于杭嘉湖平原西部的德清县北部，面积 47.3 平方公里，被誉为"木业重镇、钢琴之乡"④。自洛舍镇 1984 年成立第一家集体钢琴厂以来，洛舍镇的钢琴产业发展势头迅猛。目前，洛舍在册钢琴企业达 46 家，其中 22 家能生产钢琴整琴，其余 24 家专业生产钢琴配件⑤，另有少量未经工商登记的家庭作坊式钢琴生产商，从业人员达 2000 余人，专业技术人员 200 余人，创造了农民造钢琴的奇迹，是继"珠江"之后全国第二大钢琴生产基地⑥。

---

① 行政区划网．郾鄏镇．详见：http：//www. xzqh. org/html/show. php？contentid＝11806 百度百科．郾鄏镇．详见：http：//baike. baidu. com/view/410264. html.

② 孙吉成，张璐．山东郾鄏迈出电声乐器百亿级产业集群坚实一步．http：//sd. wenwei-po. com/info/wenhuikuaixun/692. html.

③ 中国轻工业网．2009 年我国乐器行业发展报告．详见：http：//www. clii. com. cn/news/content－304872. aspx.

④ 洛舍镇人民政府．洛舍概况．详见：http：//www. luoshe. gov. cn/html/01. asp.

⑤ 陆芳．洛舍的三角钢琴拍出 990 万元．详见：http：//news. qq. com/a/20101212/000145. html.

⑥ 德清新闻网．洛舍镇简介．http：//dqnews. zjol. com. cn/dqnews/system/2010/04/07/011994965. shtml.

第二节　乐器产业区空间格局的形成条件

一、民族乐器产业区空间格局的形成

1. 自然条件

随着工业技术和交通运输水平的不断提高，工业产业区对于自然资源的依赖程度不断降低。但是，从经济效益的角度来讲，自然资源对于某些需要大量自然资源的工业的区位选择仍然十分重要。我国民族乐器大多是由竹、木等植物为原材料加工而成，因此，地理临近相应的竹资源、木资源等对于某些乐器制造企业的区位选择具有重要意义。比如河南兰考是著名的"泡桐之乡"，而全国以泡桐作为音板的民族乐器大多用的是兰考的泡桐。在具有得天独厚的泡桐资源的兰考，自然而然地形成了以泡桐为原材料的民族乐器产业区。又比如，浙江中泰乡、贵州玉屏县等地的具有丰富的苦竹资源也是竹笛产业区在当地得以形成的主要因素之一。

2. 历史文化

促进民族乐器产业区形成的历史文化因素主要表现在文化氛围和当地乐器制造历史两个方面。文化氛围对民族乐器产业区形成起着重要作用，如扬州古筝产业区的形成。"二十四桥明月夜，玉人何处教吹箫"、"烟花三月下扬州"等诗句所描绘的扬州是一副歌舞升平的景象。歌姬弹着琵琶、古筝等乐器，人们坐在茶楼赏着美景、听着音乐，是扬州人热爱生活的象征。另外，当地的乐器制造历史悠久也成为促进民族乐器产业区形成的重要因素。比如陕西杨陵生产铜鼓的历史已有300多年。

3. 经济制度

经济制度对于产业区形成的影响是最强烈也最为直接的。在计划经济体制下，国家在北京、上海等大城市指令性地开办了一些民族乐器制造厂。改革开放后，随着企业的转制，这些国有企业、集体企业中的员工纷

纷出来自办企业，促使了一些民族乐器产业区的形成。

二、西洋乐器产业区空间格局的形成

1. 经济全球化

我国西洋乐器产业区的形成与经济全球化密切相关。改革开放以前，我国西洋乐器的发展受全球化的影响较小，产业规模不大。产业主要集中在大城市，乡镇地区只有零星分布。改革开放以后，特别是20世纪90年代以来，经济全球化的浪潮加速了国际产业转移，和其他制造业相似，西洋乐器制造业也加快了向我国转移的步伐。表现在两个方面：一是分布范围广，企业规模扩大。不仅在城市发展，也向乡镇地区扩散；二是空间集聚现象明显，在我国的城市和乡村形成了大小不一的充满活力的产业区。与此同时，我国西洋乐器生产开始由满足国内需求转向出口西方发达国家为主。

2. 地理位置

从上面的分析可以看出，我国的西洋乐器产业区主要分布东部沿海地区。主要是因为沿海地区是我国最早开放的地区，经济基础好，信息通畅，因此是我国最早接受西洋乐器制造业转移的地区。国外西洋乐器生产商看准了我国乐器发展的市场潜力，利用我国沿海地区在劳动力、资金、政策等方面的优势，将生产加工环节转移到我国，与我国的乐器生产企业展开竞争。

随着生产要素成本的上升，一些西洋乐器制造商开始将生产环节向我国乡镇转移，促进了我国乡镇西洋乐器产业区的发育。

第三节 乡镇乐器产业区发展轨迹与特征

一、发展轨迹

1. 时间轨迹

我国是一个地大物博的国家，各个地区的人文环境、自然资源等差异迥然，各个乡镇乐器产业区的区位特征不尽相同，但从各产业区的形成时间来看大致相同。这与我国经济发展的历史轨迹分不开。新中国成立以后到1978年之前，我国实行的是计划经济，市场经济严重不发育，经济生产主要是国有企业和集体所有制企业，也有一些乐器生产的家庭小作坊，但以地下生产为主，产品主要是民族乐器，如竹笛、二胡等。1978～1984年，在我国改革开放初期，我国东部沿海地区的一些企业家开始大胆创业，跳出所有制的桎梏，形成了一批民营乐器企业。这时候，乐器生产企业的特点是数量少、规模小。1984年以后，我国乐器生产企业数量猛增。特别是1992年我国明确实行市场经济体制后，我国乡镇地区开始出现了乐器生产企业的集聚，形成了各种类型乐器的产业区。

2. 空间轨迹

通过表4-1和表4-2的分析可以看出，我国西洋乐器产业区的空间发展路径是：欧美乐器产业转移到我国东部沿海地区，我国东部沿海城市地区向邻近的乡镇地区扩散。如浙江洛舍钢琴产业区、天津静海西洋乐器产业区等。实际上，从鸦片战争时期开始，西洋乐器就开始转移到我国东部沿海地区。只不过当时的扩散速度较慢而已。21世纪以后，转移和扩散加速。

我国民族乐器产业区的空间发展路径与西洋乐器产业区有所不同，表现为：我国城市和乡镇地区共同发展，然后城市地区向邻近的乡镇地区扩散。主要原因是我国改革开放以前，受经济体制的影响，乐器生产企业主要在城市地区，而与此同时在我国乡镇，由于传统文化的影响，也由于在这些地区有制作乐器的资源，所以也有少量乐器制作。如河南兰考的泡桐资源丰富、陕西杨陵的农村炼铜技术突出、浙江中泰乡和贵州玉屏的苦竹资源丰富，均在当地也发展了笛箫生产企业。我国改革开放后，受体制转型的影响，一些城市乐器生产企业转制，开始向乡镇地区扩散。

二、发展特征

（一）农民出身的企业家

乐器既是工业产品，也是艺术品，具有深厚的文化内涵。然而在我国乡镇乐器产业区，生产乐器产品的却是农民企业家。这些农民企业家的共同特点是：第一，农民出身，文化水平不高，不会乐器弹奏；第二，在他们身上都有一股敢想敢闯的企业家精神。与第一个特点相关联，在他们眼里，乐器产品跟一般的工业品无异，因此也就注定了乐器产品的文化内涵难以体现，同时乐器产品的质量难以提高，乐器自主品牌的意识不够强烈。与第二个特点相关联，他们的创业精神和勇气表现得淋漓尽致。在我国改革开放初期，为了发展乐器企业，他们可以对体制进行变通，通过挂靠国有企业的形式来发展企业。他们对政策有敏锐的嗅觉，能准确地把握经济发展形势，走在改革开放的前面。他们具有敢闯敢拼的精神，利用一切可以利用的资源，甚至采取当时认为的"非常规"手段（如浙江洛舍钢琴产业区创始人挖上海钢琴厂的人才）获取发展条件。

（二）企业规模小而分布集中

企业规模小而分布集中是我国乡镇乐器产业区的基本模式。根据调研，无论是乡镇西洋乐器产业区还是民族乐器产业区，企业分布相对集中。部分原因是村落布局本身相对集中，部分原因是企业在发展后期受到政府规划的影响。

产业区企业数量均在数十家不等，但是其中大企业数量少，小微企业多。如江苏溪桥小提琴产业区中，只有凤灵集团规模较大，其他均是中小企业。浙江洛舍钢琴产业区，包括所有非注册的在内约有 70 余家，其中只有 46 家是在册企业。在这 70 余家的生产厂家中，只有 4 家企业规模较大，规模小于 20 人的比比皆是，有的钢琴厂一年只生产十几架甚至几架钢琴。

参考文献

［1］王缉慈．超越集群：中国产业集群的理论探索［M］．北京：科学出版社，2010，143．

［2］杨阳.兰考民族乐器市场的自我拯救［J］.记者观察（上半月）.2007,（12）：30－32.

［3］立成.西洋乐器进入中国之初［J］.音乐爱好者.1980，3：42.

［4］中国乐器协会.中国乐器年鉴（2011）.北京：中国轻工业出版社，2011.

我国典型乡镇乐器产业区的变迁

第一节 浙江洛舍钢琴产业区的变迁

一、洛舍概况

德清县洛舍镇地处杭嘉湖平原西部，距全国四大避暑胜地之一的莫干山27公里，距杭州60公里，上海200公里。全镇区域总面积47.3平方公里，现下辖6个行政村、1个居委会。

洛舍是一个既古老又年轻的城镇，早在一万年以前的新石器时代，便有村落聚居。北宋宣和年间（1119～1125年），便出现"乐舍"的名称。清咸丰年间（1851～1861年），大通桥飞架洛水，将港西港东两墩联成一体，自然镇逐年形成。

洛舍土地肥沃、物产丰富，自古以来，人们便利用水田种稻，旱地栽桑，河港养鱼，素有"鱼米之乡、丝绸之府"美称。改革开放以来，洛舍镇经济发展迅速，形成木材加工和钢琴生产两大特色产业，占全镇经济总量的70%以上，被誉为"木业重镇、钢琴之乡"。洛舍镇工业大致都沿着公路主干道成一条带状分布。这种工业区的分布特点也造就了洛舍主要的钢琴制造厂的分布相对集中分布的特征。自从1984年兴办第一家钢琴企业以来，产业快速集聚，德华集团、巨峰木业、宝丽华木业、华谱钢琴、海尔乐器、杰士德钢琴、乐韵钢琴、鼎王木业等一批企业发展壮大，有木业加工和钢琴制造及配件生产企业174家，在无木之乡开创了木业大业。

二、洛舍"钢琴之乡"

（一）钢琴简介

钢琴（piano）是源自西洋古典音乐中的一种键盘乐器，普遍用于独奏、重奏、伴奏等演出，用于作曲和排练音乐十分方便。弹奏者通过按下键盘上的琴键，牵动钢琴里面包着绒毡的小木槌，继而敲击钢丝弦发出声音。世界上第一台钢琴，由意大利人克里斯托弗里（B·Cristofori）于1710年前后在佛罗伦萨制造出来的，当时取名为"弱和强"（piano e forte）。后来，几乎所有语种都称钢琴为 piano，就是 piano e forte 的简称。中文称 piano 为钢琴，这是中国化了的名称。钢琴与小提琴、古典吉他并称为世界三大乐器。人们口中所说的乐器之父就是钢琴，而乐器之母是小提琴，乐器王子是古典吉他。在世界各国的成千上万种古今乐器当中，现代钢琴被众多的音乐家们誉为"乐器之王"。这不仅是由于它的体积最大、内部结构最复杂，更主要的还是由于它优良全面的性能和广泛的用途都是其他任何乐器（除为数不多的教堂、音乐厅中的管风琴外）无法与之相比拟的。

从18世纪末以来，在欧洲及美国，钢琴一直是最主要的家庭键盘乐器。钢琴发源于欧洲，18世纪初，意大利人克里斯多佛利（Bartolommeo

Cristofori）发明的一种类似现代钢琴的键盘式乐器。通常人们认为钢琴有近300年历史，即1709年由意大利制琴大师B·克里斯托福里所创制的现代钢琴的前身。在以后的200多年，又不断改进完善，方成为今天我们看到的现代钢琴。然而，钢琴的整个演变过程可以追溯到600多年前，即现代钢琴出现之前，钢琴已存在了300多年，我们称这一阶段的钢琴为古钢琴。现代钢琴的前身只是1709年古钢琴质的发展与飞跃。

钢琴是一种键盘乐器，用键拉动琴槌以敲打琴弦。钢琴在乐器分类中属于弦乐器中的键盘乐器。现代钢琴一共有88个琴键，其中有52个白键，36个黑键，为7 1/3个八度。一个八度内是7个白键，5个黑键。钢琴一般被分为三角琴（GRAND PIANO）和立式琴（UPRIGHT OIANO）。钢琴的主要构造如下（见表5-1）。

表5-1 钢琴构成一览

机构	大项	小项	主要零部件
发音机构	弦	弦、弦轴板、铁骨、支柱	弦轴、压弦档、千斤、共鸣弦枕、挂弦钉、共鸣箱、后背扳、音扳框
	音板	音板、肋木、琴码	码钉、琴码螺丝固定钮
	键盘	白键、黑键、键盘平台	卡钉木、卡钉铁丝、键盘呢、键钉、垫头呢、大呢圈、大小纸圈、平衡盖木
击弦机构	击弦机	榔头、中鼓、切克（三角琴切克）、止音器、中档、靠背档	榔头呢毡、榔头柄（中鼓呢毡皮）、镐钻、生达针、弹簧、锄头、切克尖、触头、条更、缩吊、复振杆、音头、止音器长枪、长枪、弹簧、止音器抬杆
踏板机构	踏板	右踏板、左踏板、中踏板	调节螺丝（蝶形）支架踏板杠杆、弹簧踏板棍、消音呢（踏板箱）
外壳	侧板、键盘托架、上门板、键盘盖、谱架、键盘底托、锁门档、拍子木、下门板、琴腿、支脚、踏脚横档、琴脚（轱辘）（侧板）（琴腿托垫木）（前框板）		

踏板（pedal）：是指钢琴下面用足踩的踏板。它是钢琴中除键盘外最重要的配件。1711年意大利乐器制造家克理斯多佛利（Bartolommeo Cristofori）在改造钢琴时发明的。主要分为三个部分。

（1）制音踏板（damper pedal）：右踏板，也叫做延音踏板，又叫共鸣踏板。是英国人布劳马（John Broadwood）于1783年发明，通常是钢琴下最右内侧的踏板，当延音踏板被压时下，平时压在弦上的制音器（damper）立即扬起。使所有的琴弦延续震动，将踏板放开后，所有的制音器又全部压在琴弦上制止发音。由于按下制音踏板会使琴声在一定程度上扩大，故又称强音踏板（loud pedal）。

（2）柔音踏板（soft pedal）：左踏板，也叫做弱音踏板（ulna cord）。在平台式钢琴里，踩下柔音踏板时，琴槌会立刻向旁推移，使音量减少，并使声音变得非常清纯、柔和。琴槌移近琴弦，借以减轻冲力，减少打击的长度与强度，使音量变小。它的作用就不仅是帮助演奏者弹得更弱，也是为了增加声音的柔和，并除掉音质中任何敲击的成分。左踏板往往被比作"旋乐演奏者的弱音器"。

（3）持音踏板（sostenuto pedal）：中踏板，延长音踏板（sostenuto）。具有特殊性能的踏板。它有着令声音或弦的振动持续下去的作用。但由于持音踏板使用机会少，所以现在的持音踏板的构造和作用都有所改变。大部分现代钢琴的持音踏板被踩下时，一块活动的绒布会夹在琴槌和琴弦之间，使音量变得极细和模糊还变闷。通常只使用于夜间或清晨弹奏钢琴之时，以免惊扰邻居的安宁。

调音钉（tuning pins）：是一些能够用特制扳手扭动旋转的钉状螺栓。它的旋床是有锁口的特制高碳钢，因而琴弦能牢固地绕在弦轴钉上，致使音准在琴弦高强度拉力作用下能长期保持并稳定下来。

琴槌（hammer）：外包着高品质的毛毡或绒布，由于这层"皮肤"多是羊毛造的，因而又称羊毛槌。它本身连着琴键，当琴键被按下时，琴槌便会打落琴弦上并借着琴弦的振动使钢琴发出声音。因此，它的作用是用来敲击被调音钉紧扣着的琴弦。

制音器：制音器是与弦紧贴着，用来阻止弦的震动。例如当钢琴上的琴键被按下时，钢琴内部的琴槌会打在一条条用铜制造的琴弦上，借着琴弦的震动发出声音。

琴胆（action）：琴胆连接着琴键和琴槌，是整部钢琴的灵魂和最重要的配件。

响板（soundboard）：响板位于钢琴内部最后面的一块大金属钢板，它连着调音钉，紧贴着琴弦，当琴弦被引发振动而发出声音时，响板会使声音产生双重共鸣，即将声音透过响板反射以及扩大出来。

琴键（keyboard）：整个琴键都是由黑键和白键组合而成。

立式钢琴构造见图5-1。

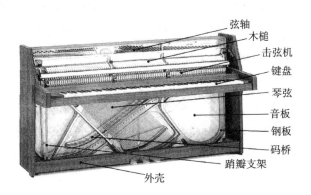

弦轴
木槌
击弦机
键盘
琴弦
音板
钢板
码桥
踏瓣支架
外壳

图5-1 立式钢琴构造

（二）洛舍"钢琴之乡"的发展

在人们的印象中，钢琴是文化与身份的象征，与普通百姓的生活是离得很远的。然而，改革开放以来，这种高雅的艺术品却与越来越多的普通人联系在一起。在浙北德清一个名叫洛舍的小镇里，却有40多家钢琴生产企业，年产量占全国市场份额的1/10，是一个具有鲜明特点的钢琴制造业聚集区，其形成和发展是一个奇迹。

（1）20世纪80年代曾以"农民造钢琴"引起社会轰动，现在制造钢琴的主体仍然是农民；

（2）目前钢琴从业人员2000余人，年产钢琴约3万架，全镇约1/10

的人口生产了全国 1/10 的钢琴①；

（3）钢琴生产者大多没有经过高等学院的教育或培训，他们大多凭经验生产，而且钢琴的质量在不断提高；

（4）现在的钢琴企业家基本上不懂音乐，也不会弹钢琴；

（5）一些家庭作坊生产者不把钢琴生产作为主业，一般是在有空或没活时才做。目前，洛舍农民造钢琴的奇迹作为研究案例被写进了美国 MBA 教材。

洛舍"钢琴之乡"的来历

2005 年 10 月 24 日，《欧洲华人报》在经济新闻版的显著位置报道以"'游子文化'故里演绎新乐章，德清打造世界级钢琴生产基地"为题，刊发了消息及图片，文中称，德清是游子孟郊的故里，洛舍是德清的一个镇，如今成了名副其实的"钢琴之乡"。

2007 年 9 月 28 日，中央电视台国际频道（CCTV－4）亚洲台、欧洲台、美洲台连续多次播出时长 20 分钟的专题片《乡琴》。该片以洛舍钢琴业的发展为背景，深度报道了德清实施人才强县，着力推进全民创业的氛围情况。专题片播放后引起了国外客商对洛舍钢琴业的关注。

洛舍成为"钢琴之乡"要从中国改革开放初期的聘用人才说起。

早在 1985 年 1 月 25 日，上海钢琴厂何水潮、包悦新、陈宝福、郑文标四位技术人员，被德清县洛舍乡经济委员会聘用后创办乡镇企业湖州钢琴厂。由于从上海聘来技术人员办厂，从而引发了一场惊动全国的争夺人才"官司"。1985 年 3 月 13 日，新华社主办的《经济参考报》头版以"许以万金，挖走关键技术人员；人心思'走'，危及钢琴正常生产"的标题做了报道，指出"浙江湖州德清县乡镇企业私下与上海钢琴厂的技术人员签订协议，到乡镇企业去工作的每人付给'安家费'1 万元，聘金

---

① 从田野里崛起的中国"钢琴之乡". http：//www. dqsme. com/new_view. asp? id＝891.

600 元，并许诺每人月薪 300 元"。3 月 16 日，上海《解放日报》头版发表了"这样的人才交流是否合理？——上海钢琴厂厂长何建中的来信"，指责"乡镇企业挖走 4 名技术骨干"。在这封来信的旁边，还报道"上海 64 个机构联络会议提出，人才交流要防止自由流动"。3 月 17 日，上海《文汇报》发表本报记者周圆的《建议与呼声》："不能提倡用重金'挖'人"。

此后，围绕德清县洛舍乡经济委员会创办"湖州钢琴厂"从上海钢琴厂聘用技术人员一事，新华社《经济参考报》、《光明日报》、《文汇报》等一些国家级报纸，在全国范围内开展一场"希望开展怎样搞好社会主义竞争的讨论"，发表了国内众多专家学者和社会各界人士的不同观点，众说纷纭。

在这场涉及全国性聘用科技人员的争议中，中共浙江省委、省政府领导高度重视，省委书记王芳、省长薛驹做出批示："认真调查此事"。根据德清县委书记葛圣平等领导的意见，我和县计经委、县科委等有关部门领导一起，与上海钢琴厂厂长和上海市经委、人事局等部门领导人，展开了一场聘用人才是否合理的面对面的激烈争论。我还与《浙江日报》记者胡冠平、钟睒睒一起，对洛舍乡从上海钢琴厂聘用 4 位技术人员的来龙去脉进行了详细调查，并写出了《他们为什么要离开上海钢琴厂》，对上海《解放日报》、《文汇报》、新华社《经济参考报》等报纸，报道上海钢琴厂单方面提供的片面事实进行澄清，实事求是地反映这 4 位技术人员为什么要离开上海钢琴厂，而愿意到乡镇企业干一番事业的真实思想的调查。把调查材料寄给党中央、国务院和国家有关部委，用事实说明这 4 位技术人员从上海大城市流向德清县洛舍乡、从上海国营企业流向乡镇企业、从科技人员本人愿意到乡镇企业干一番事业、创造业绩，与国营企业展开产品制造竞争，肯定他们的流向是正确的、合理的，不应当指责、刁难，而应当鼓励、提倡。我写的调查材料，在这场涉及全国性引进人才争议中起到非常关键性作用。

1985 年 4 月 19 日，《光明日报》发表了国家科委副主任滕藤、上海市副市长刘振元的文章："人才流动利大于弊，应该坚持"。并指出："长期以来，我们的人事管理制度存在着统得过死的弊病，在有些部门和地区人才积压，浪费相当严重。因此，人才合理流动是好事"。1985年3月，中央领导同志在全国科技工作会议上强调："有的同志对人才流动表示担心。总的来讲，提倡人才流动，方向是正确的，现在的流动，大部分是流向搞活了的小企业，因为它们生产搞活了，需要在竞争中求生存。小企业需要科技人员，过去长期分配不到大学生，不少大企业和研究所又积压了相当数量的科技骨干不能发挥作用。在这种情况下，有一部分技术人员转向了小企业。"

在中央领导同志和省委、省政府领导的关心下，这场惊动全国的争夺人才"官司"，经过三个多月时间的争议已基本结束。

湖州钢琴厂经过4位技术人员努力拼搏，辛勤劳动，自行设计、创造的"伯牙牌"131A型和121A型两种立式钢琴，已在1985年10月研制成功。12月14日《浙江日报》写出了《湖州钢琴厂研制成功两种立式钢琴》（供省委参阅第168期·浙江日报社），迅速向省委和国家相关部门领导作了汇报。湖州钢琴厂研制成功的两种立式钢琴，12月21日由浙江省科委组织全国钢琴专家在杭州通过省级鉴定。我国著名钢琴演奏家、上海音乐学院钢琴系主任吴乐懿教授，评价"伯牙牌"两种立式钢琴的主要指标已超过了部分标准，达到国内先进水平。在鉴定会上，著名歌唱家谭丽娟、著名钢琴演奏家潘家华等，即兴表演了精彩的节目。湖州钢琴厂试制成功"伯牙牌"两种立式钢琴后，《光明日报》、《经济日报》、《中国乡镇企业报》、《浙江日报》等多家新闻媒体在显著位置都作了报道。

后来，由于乡镇企业转制等原因，湖州钢琴厂已解体。然而，由湖州钢琴厂培养出来的一批技术、营销、管理人员，在洛舍、乾元、武康等镇，先后办起钢琴制造企业33家，配件企业16家，基本形成钢琴生产产业链。2003年9月，浙江德华钢琴公司与广州珠江钢琴集团有限公司实行"强强联合，合资成立珠江德华钢琴有限公司"。合作组建后已成功开发"罗宾自动演奏琴"和形成各式钢琴及外壳配件等3万台套的生产能力，从而使德清县成为继"珠江"之后的全国第二大钢琴制造基地。2004年，日本第二大钢琴生产企业卡瓦依公司出资 50 万美元，入股德清杰士德钢琴公司。2004 年 3 月 22 日，《中国财经报》第二版报道："洛舍小镇：因钢琴而精彩"。文中报道："据中国乐器协会的一份最新数据表明，目前全国 20 万台的钢琴总产量中，洛舍镇就占了 1/10，达 2 万台，2003 年实现产值 4331 万元，上交国税收入 300 多万元。"

2005 年 10 月 19 日至 22 日，洛舍镇在上海举办洛舍钢琴暨中国·德清"德华杯"钢琴节，来自 19 个国家的 750 多家国际乐器销售客商聚集洛舍钢琴展，当天就签订钢琴 500 多台的协议。2005 年 10 月 19 日，上海《解放日报》以"中国·德清洛舍钢琴节首次亮相上海"为题作了显著报道。2005 年 10 月 21 日，《浙江日报》第 6 版报道"德清农民上海办钢琴节"，指出：德清农民不光能造钢琴，还能在上海办钢琴节。德清农民制造的 10 架钢琴，展出在上海新国际博览中心，其现代或古朴的造型，优美、圆润、纯正的音质，吸引了中外参观者的"眼球"，有位"老外"还坐下来一试身手。2006 年，洛舍镇年产钢琴已达 3 万台，产品不仅营销国内各大城市，还出口到日本、新加坡、马来西亚、美国、加拿大及西欧等国家和地区。

2008 年 1 月，由美国会计、金融、人力资源管理及国家商务等商业领域的 15 所主流大学的 21 位教授组成的考察团考察了洛舍镇钢琴业。一个人口只有一万多的中国小镇，怎么会制造钢琴，且产量占了中国钢琴市场的 1/10。这次美国教授就是专程来到洛舍，想探究其中的奥秘。美国考察团在杰士德钢琴有限公司考察时，观察细致，提出了他们所关心的许多问题，美国教授想通过洛舍钢琴产业的发展，了解 20 世纪 80 年代初以来，中国的私营小企业是怎样发展壮大的，如何参与国内国际市场竞争，并获得成功，从而进一步了解中国钢琴业是如何成为国际市场的支配力量。德清洛舍农民造钢琴奇迹已写进美国 MBA 教材，让更多的美国 MBA 学生了解中国的经济。

2008 年 12 月 10 日，中央电视台《致富经》节目，专题播放了《浙江农民造钢琴的传奇》，文中以中国改革开放 30 年为引线，具体反映了德清农民敢为人先，勇于创新，顶住压力，引进人才，制造了"乐器之王"美称的钢琴，成了国内外关注的热点。

（资源来源：曹林魁. 洛舍"钢琴之乡"的来历. http：//dqnews. zjol. com. cn/dqzx/html/llyd/122/. 2009. 6. 16）

三、洛舍钢琴产业区的变迁

（一）变迁阶段

洛舍钢琴产业可以分为三个阶段。

第一阶段为 1984～1994 年，为形成期。在这一时期，洛舍年产钢琴500 多架，职工最多时达到 270 多人。生产工艺完全是"小而全"的方式，8000 多个零件都要自己做，在这一阶段，他们培养了击弦机、配码、外壳、油漆、挂弦等各道工序的技术工人，1985 年 10 月由中国农民自行设计制造的"伯牙牌"立式钢琴经过鉴定，达到了国家标准，湖州钢琴厂成为全国第五家钢琴厂。

第二阶段为 1995～2000 年，为成长期。1992 年市场经济体制的确定，摆脱了姓"资"姓"社"的争论。1993 年下发《关于促进个体私营经济健康发展的通知》，1994 年出台《关于深化乡镇企业改革的若干意见》，1998 年又出台《关于大力发展个体私营等非公有制经济的通知》，积极支持非公有制经济的发展。在良好的政策环境下，1994 年浙江省进入全面企业改制阶段，全省掀起了兴办私营个体企业的热潮，集体企业全部转让给私人承包经营，企业规模有所调整，而这时湖州钢琴厂转制为私人企业，改名湖州华谱钢琴有限公司。这一期间的钢琴生产主要是华谱钢琴公司、海尔钢琴公司、中德利钢琴公司 3 家，还包括 40 多家其他小企业。

第三阶段为 2000 年至今，该时期洛舍钢琴企业快速发展，进入了成熟期。2002 年年底，德清县共有各类钢琴生产企业 25 家，从业人数 644人，2002 年全县共生产钢琴 8700 架，工业总产值 4420 万元，开始建立全国性的销售网络，并有小批量钢琴出口。到了 2010 年年底有在册企业 46 家，其中 22 家能生产钢琴整琴，24 家专业生产钢琴配件①，加上少量家庭作坊式生产商，共约 70 家。

（二）变迁特征

1. 企业衍生的内部性

洛舍钢琴产业区的企业基本上是从原湖州钢琴厂内部衍生而来。原湖州钢琴厂在生产过程中积累了很多钢琴生产管理和技术管理的实践经验，1994 年原湖州钢琴厂改制以后，企业里的一些副厂长、销售科长、车间主任、技术员、业务员、职工等纷纷从原湖州钢琴厂出来，成立新的钢琴厂。他们在面对钢琴市场需求较大的市场形势，利用各种办法贷款、借资筹办企业②。2005 年以前，企业主要在洛舍镇范围内扩散，新生的企业主要以钢琴整琴生产企业为主。2005 年以后，企业开始向周边的乾元镇、钟管镇、武康镇等地扩散，新生的企业中主要是钢琴配件企业。

2. 形成了较为完整的钢琴产业链

在起步期，洛舍镇钢琴生产既无材料，也无配件，更不要说是生产配件的设备了。企业技术人员画出了生产钢琴配件所需的设备图纸，按图纸造出了生产钢琴配件的设备，又用这些设备制造出了钢琴的配件。因此，洛舍钢琴制造业是从设备、配件和整琴生产同时进行的。起初洛舍镇的钢琴业并不景气，在 20 世纪 80 年代末和 90 年代初一度亏损，但钢琴产业却意想不到地带出了一个巨大的木材加工业。2000 年以后，一些企业开始从全国各地采购零部件，然后装配成整琴销售。后来有的钢琴厂为了降低生产成本，增加附加值，开始生产一些简单的零部件。与此同时，衍生了多家专业化企业，主要以生产钢琴外壳及其他相关零部件为主，为规模型钢琴制造企业提供外壳等零部件业务。这样，洛舍钢琴制造业从整链生产，到购件组装，再到组装和零部件生产相结合，钢琴产业开始细分化，

---

① 洛舍的三角钢琴拍出 990 万元. http：//news. qq. com/a/20101212/000145. htm.

② 浙江德清县钢琴业调查报告. http：//www. cmia. com. cn/zazhi1/detail. aspx？ id＝7.

形成专业化协作配套体系，形成了较为完整的钢琴生产产业链[1]。目前洛舍产业区不仅能够生产钢琴中普通部件，音源、键盘、外壳等主要部件也能生产。

现在，在洛舍镇范围内可以采购到除了部分五金件以外的绝大部分钢琴零部件（夏燕，2010）。产业链演化见图 5-2 所示。

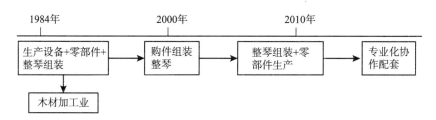

图 5-2　洛舍钢琴产业区产业链演化

3. 企业自主创新能力不足

1984 年，新成立的湖州钢琴厂从上海钢琴厂"挖聘"4 名技术人员，开始了 121 型、131 型钢琴的试制工作，自创品牌——"伯乐"牌，并于 1985 年生产了 8 台钢琴。湖州钢琴厂培养了钢琴 300 多道生产工序的技术人员，完备了钢琴制造必要的原始设备，是钢琴制造业的后续发展的技术和设备基础。随着企业的衍生，近年来，一些整琴生产厂家主要是通过给国外厂家贴牌加工，一些厂家为了在销售市场的需要，给自己的钢琴品牌取个洋名字，以提高产品形象。与此同时，也产生了一些专利和知名品牌。

产业区内钢琴企业的技术创新主要依赖于区外技术的引入，自己的技术创新不多。企业之间以松散的产业链垂直联系居多，水平联系少，使得钢琴生产隐含经验类知识难以彼此学习。由于大企业的市场份额相对稳定，产品主要定位在中低端市场，使得技术创新投入没有必要，它们的技术创新主要体现在产品的外形上。而一些小企业为了开拓新的市场，进行

---

① 德清县人民政府关于加快钢琴产业发展的若干意见. 德清日报，2005 年 5 月 7 日.

新产品的研发，如，华美罗宾钢琴有限公司的"钢琴自动演奏系统"的研究开发。

吴海鸥：从梦想到研制出"钢琴自动演奏系统"

"自动演奏钢琴在演奏乐曲时是钢琴发声，其发声原理与传统钢琴完全一致，琴键和踏板上下会动，就像一双无形的手在弹钢琴。在安装了自动演奏系统后，传统钢琴的外形没有变，结构没有变，原有的功能没有变，但其实用性却得到极大的增强。"一副金边眼镜，一身休闲装束，从大洋彼岸归国创业的华美罗宾钢琴有限公司董事长吴海鸥一见记者，便滔滔不绝地介绍起他研制的"钢琴自动演奏系统"。

作为改革开放后我国招考的首批大学生，1982 年年初，吴海鸥从浙江大学地质系毕业，供职于北京中国有色金属工业总公司。后来他赴美国留学，在科罗拉多大学获计算机工程硕士学位。凭着自己的勤奋和才学，如今吴海鸥有近 8 万美元的年薪，太太和孩子都是美国公民。然而，有一个创业梦想始终埋藏在吴海鸥的内心深处。多才多艺的吴海鸥在小学、中学时就是文宣队骨干，二胡、笛子、吉他样样玩得精通。早在科罗拉多大学攻读期间，他就突发奇想：能不能利用自己所学的计算机知识，把传统的钢琴与现代科技结合起来，开发一套先进的自动演奏软件。

1999 年，吴海鸥投资 10 万美元，在"钢琴之乡"德清洛舍办起了一家小钢琴厂。短短数年，钢琴厂便由小变大，走上了快速发展之路，这让身处海外的吴海鸥颇为惊讶。2003 年，吴海鸥一手创办的华美罗宾钢琴有限公司正式落户德清科技创业园，专门从事目前国际最新的"钢琴自动演奏系统"的研究开发。

（资料来源：http：//culture. zjol. com. cn/05culture/system/2008/11/14/014972525_01. shtml）

---

4. 企业在区内联系逐渐加强，在区外与大企业联系明显

产业区内的联系经历了从无到有的过程。目前，区内企业之间的联系一是表现在产品零部件的供应上，一些企业按照要求为其他企业生产和供

应相关的生产钢琴零部件。二是表现在订单的合作上。一些企业接到较多的订单后，会将一部分订单分派给其他企业。三是表现在企业家、技术人员之间的日常性的交流上。但是在技术合作、营销合作等方面的联系缺乏。

产业区与区外知识源地的联系，在大企业之间十分明显。2003 年 8 月，珠江钢琴与德华集团强强联手，合作投资创办浙江珠江德华钢琴有限公司；2005 年，由美国一家公司投资 20 万美元的罗宾电子科技有限公司在当地成立；日本卡瓦依公司出资 50 万美元入股杰士德钢琴有限公司。而中小企业，则更多的是与大企业之间的技术交流，通过调律师、油漆、贴牌等的共享促进发展。表 5 - 2 是一些著名企业对外联系情况。

表 5 - 2　　　　　　　　洛舍著名企业对外联系概况

公司名称	钢琴品牌	对外联系
浙江乐韵钢琴有限公司	拉奥特	著名钢琴家、全国政协委员刘诗昆先生、姚珠珠女士、李民铎先生等专家们为公司的发展提出了许多宝贵意见和建议
湖州华谱钢琴制造有限公司	罗 兰 特、W. 爵 士、洛德莱斯	从德国、意大利、日本等国引进成套先进设备，2005 年又新引进数控化钢琴生产系统，钢琴的琴弦、榔头等主要元件从日本、德国进口，聘请国内外钢琴专家指导
湖州杰士德钢琴有限公司	瓦格纳	公司从德国西门子引进全套电脑数控设备，又出资新建了下属企业名士乐器配件厂，专业生产马克、外壳等钢琴配件，为日本、法国等国际知名品牌钢琴制造公司提供配套部件
珠江德华钢琴有限公司	威腾	广东珠江钢琴和德华集团共同控股，聘请美国、德国、日本的钢琴师为顾问

5. 地方政府的推动作用加强

地方政府与企业之间的联系不断加强。近年来，洛舍镇政府通过连续举办钢琴节的形式，通过发展音乐文化节，扶持钢琴产业，强化政府和企业的合作，推动钢琴制造业的发展。

洛舍镇钢琴文化节

一直以来，洛舍镇各届党委政府都是把钢琴产业作为一个文化品牌来做，积极打造"中国钢琴之乡"品牌。洛舍钢琴产业的发展，孕育了本地独特的钢琴文化。钢琴已越来越多地步入洛舍的寻常百姓家，富裕起来的洛舍人开始注重子女的钢琴教育。壮大起来的钢琴企业纷纷自发赠送钢琴给本地幼儿园和学校，对少年儿童的文化艺术教育给予帮助和支持。同时加强青少年的钢琴教学，推动钢琴艺术的普及，造钢琴、学钢琴、弹钢琴，钢琴文化依托钢琴产业的发展不断渗透。钢琴制造行业协会在发展上突出"教育普及型钢琴生产基地"的定位，在进一步推动钢琴艺术普及的同时，让越来越多的人感受钢琴文化。

在那个钢琴文化蓬勃发展的年代，洛舍镇的钢琴文化节应运而生，从2001年起，洛舍镇已举办了6届钢琴文化节，通过"政府搭台，企业唱戏"的形式，营造出浓厚的钢琴文化氛围，在以节扬名、以节兴业的同时，更显示了洛舍钢琴的自信与实力，受到业内人士和国内外客商的广泛关注和好评，使钢琴产业和钢琴文化互相融合，互促共进。

洛舍镇前三届钢琴文化节都在县内召开，主要依托第十二届香港（亚洲）钢琴公开赛浙江赛区选拔赛、浙江省少儿精英比赛等重大赛事，活动办得有声有色，洛舍钢琴开始蜚声县内，但洛舍镇并没有满足与洛舍钢琴在县内的名气，而是把目光投向了更广阔的市场。2005年洛舍镇将第四届钢琴文化节办在了上海，在上海国际展览中心设了洛舍钢琴展馆，组织12家钢琴企业统一参加展览。同时，召开中国·德清洛舍钢琴发展研讨会，进行钢琴项目招商签协，开展钢琴艺术演艺，组织参观洛舍钢琴制造展示等系列活动。第四届钢琴文化节将向国内外展示洛舍钢琴之乡的风采，提高洛舍钢琴的知名度。

2009年11月和2010年10月，洛舍镇又转战杭州，在杭州市体育馆和西湖文化广场先后举行了第五届和第六届钢琴文化节，并且不断创新办节形式。第五届钢琴文化节以"德清洛舍·中国琴乡首届家庭钢琴创意赛"为载体,以洛舍钢琴联展为窗口,使杭州市民增加了对洛舍镇经济社会文化等各方面的了解,提升了洛舍镇在杭州的知名度,同时也打响了洛舍钢琴的品牌知名度。在钢琴文化节期间,组织近百名音乐人到洛舍参加"钢琴工业游",拉近了杭州与洛舍两地之间的距离,有力推动了融入杭州工作的进程。第六届钢琴文化节作为德清县融杭活动周的重头戏,通过百架钢琴秀杭州的展示活动、运河花船载着洛舍钢琴"嫁"到杭州的创新拟人手法,以及茅为蕙携百名琴童现场震撼弹奏乐曲的磅礴气势,打响了洛舍钢琴文化在杭州的知名度,活动照片登上浙江日报头版头幅照片,同时还被新华社、中新社、杭州日报等一系列媒体争相报道,影响巨大,成效明显,使杭州乃至全国增加了对洛舍镇经济社会文化等各方面的了解,提升了洛舍镇的知名度,打响了洛舍钢琴的品牌。

洛舍镇2001年开始办节,10年已办了6届钢琴文化节,该项节庆不仅成了洛舍镇的一个传统保留节庆,近年来也已成为德清县对外宣传的一个重要品牌节日,成为德清县对外展示形象的一个重要窗口。

2011年是"十二五"规划的开局之年,洛舍钢琴也迎来了转型升级的关键之年,洛舍镇党委政府高瞻远瞩提出了打造"中国钢琴音乐谷"超前理念,同时钢琴文化节将继2005年之后再一次回到上海这个洛舍钢琴的起源之地。届时,洛舍钢琴将在黄浦江上奏响,以崭新形象展示在上海乃至全世界的面前。

(资料来源:http://www.dqwlw.com/info.asp? articleid=1254)

四、洛舍钢琴产业区变迁的机理

1. 制度转型

在洛舍钢琴产业区的形成过程中,出现了三个拐点。第一个拐点是我国1978年开始的改革开放政策。这一政策触发了洛舍企业家的嗅觉,也使得企业家从上海钢琴厂"挖墙脚"——技术人员成为可能。第二个拐点是1995年的经济体制变革,给洛舍钢琴制造业发展提供了契机。湖州钢琴厂在 1997 年正式改制为私营企业——浙江华谱钢琴有限公司,为洛舍的钢琴私营企业的衍生奠定了技术和设备基础。第三个拐点是 2000 年的市场经济体制转型。洛舍钢琴企业进入了快速衍生期,生产进入规模化阶段。企业开始建立全国性的销售网络,并有小批量钢琴出口。

2. 企业家精神

在新产业空间演化的最初阶段,企业家创新发挥了重要的作用,企业家需要积极地创造新产业的发展环境,使原有区域条件适应新产业的发展需求[3]。在创业初期,由于经济体制的制约,洛舍开始最缺乏的一是技术人才,二是生产钢琴的材料、配件,以及生产配件的设备。但洛舍的农民企业家动用社会关系,冒险挖国有企业墙角,用重金从上海聘请 4 名技术人员,开始了钢琴的试制工作,创造了农民造钢琴的"神话"。进入发展期,一些有着独特眼光的企业家开始有感于钢琴的文化底蕴,继续从事钢琴制造业,而不去从事利润较高的木业。这是当代企业家精神的另外一个层面的体现。

王惠林:从木匠到水乡第一家钢琴厂厂长

提起王惠林,许多德清当地人熟悉他,因为他是洛舍第一位开办钢琴厂的带头人。2008 年 60 岁的王惠林,现为德清县中德利钢琴有限公司的董事长。1985 年,他用月薪 250 元、外加一年 1 万元的生活保证金,从当时国内名气很大的上海钢琴厂"挖"来 4 位专业技术人员,办起了中国内地第 5 家钢琴制造厂——湖州钢琴厂。

回忆当年的往事,王惠林至今历历在目,感怀良多。他向记者介绍,记得那是 1984 年,做木匠出身的王惠林被推举为洛舍乡玻璃厂的厂长,改行造钢琴是受一位上海朋友的介绍鼓动。"朋友说,钢琴是身份和文化的象征,但因为价格太高一般家庭是消费不起的,他建议我试试做玩具钢琴,但我心气很高,告诉他要做就做真的,做大的。"不久,在那位朋友的热心帮助下,上海钢琴厂何水潮、郑文标、包悦新、陈宝福等 4 位技术员被聘请来到德清洛舍。出乎意料的是，王惠林引进人才的举动在当时还引来了一场"关于人才能否合理流动"的大讨论，《光明日报》、《解放日报》、《文汇报》与《浙江日报》都先后参与报道和讨论。

1985年10月，首批8台"伯乐牌"钢琴终于试制成功。我国著名钢琴艺术家、上海音乐学院钢琴系主任吴乐懿教授曾指出，"伯乐牌"两种立式钢琴的主要指标超过了国家部分标准，达到了国际先进水平。在杭州举办的专场产品鉴定会上，省内外多位艺术家和演员还作了精彩的即兴表演。1986年，远在北京的著名相声艺术家姜昆也欣然前来订货。从此，钢琴便与洛舍这个江南水乡小镇结下了不解之缘。

翻开企业年度生产日记，从2005年开始，王惠林已经连续三年参加了世界最大的德国法兰克福钢琴展览会。如今，去国外参观考察，与国际同行切磋交流，占据了他日常工作的大部分时间。老王告诉记者，许多外国艺术家也常常到公司做客，指导工人生产，一些国外客商在厂里一蹲就是一两个月。时近年尾，王惠林又在考虑明年的生产安排，他向记者透露，2009年1月他将去美国参观考察，"我现在跑国外比跑上海、杭州还要多，因为我的新目标是瞄准国际先进水平，把中国制造的钢琴打入外国人的家庭！"在记者面前，年届花甲的他显得信心十足。

（资料来源：http://culture.zjol.com.cn/05culture/system/2008/11/14/014972525_01.shtml）

3. 用户需求

2000年前后，中国政治、经济、文化的大环境，为全国乐器工业的大发展创造了极为良好的外部环境。由于学习钢琴的人越来越多，乐器市场的需求急剧增大，给洛舍的钢琴生产带来前所未有的发展机遇，用户需求成为产业区变迁的重要因素。据研究，我国人均乐器消费仍然很低，人均乐器消费额与发达国家相比差距很大。从钢琴即高档乐器百户家庭拥有量分别是2.29架和4.33件，与发达国家的20%以上差距更大，从需求发展的角度看，说明中国乐器市场未来发展空间很大①。

---

① 中国乐器市场的特点和对策思考. 上海乐器博览会会议，2010（内部报告）.

五、洛舍钢琴产业区变迁中的问题

1. 惯例的约束

在演化经济理论中，一切规则的和可以预测的企业行为方式都被作为企业惯例，惯例决定了企业可能有的行为（Sacconi L.，2000）。惯例是企业知识和经验的载体，起着生物进化中基因的作用，从而使得企业在变迁过程中具有一定的路径依赖性。表现为：

（1）模仿。长期以来，洛舍钢琴生产多数处于模仿生产阶段，缺少研发创新。对钢琴品牌的理解也过于肤浅，只考虑市场销量，不考虑钢琴生产中的科技、时尚、审美等元素的含量。

（2）贴牌生产。在洛舍钢琴产业区，几乎每家生产钢琴整琴的企业都拥有数个钢琴牌子，大多是贴牌。虽已拥有了"瓦格纳""拉奥特"等一批著名商标，但自主品牌产品的比重仍很低，更没有知名国际品牌，缺乏对出口营销渠道的控制力。虽然贴牌、组装生产让洛舍钢琴产业能更加灵活得生存，但规模小而重复投入严重的问题使洛舍钢琴企业难以享受区域品牌带来的经济优势。当地一些琴厂认为洛舍产尚不够名气，就到上海注册一个钢琴品牌，明明是洛舍产的，打的却是上海产的钢琴牌子。

（3）低端市场。洛舍钢琴产业区的钢琴整琴生产主要是满足学习琴市场的需要。生产学习琴的企业之间价格竞争激烈，一些企业为了降低成本，不惜降低钢琴质量。虽然它们以贴牌的形式进入市场，但是导致了用户对其产品的低档认知，这对提升产业区钢琴生产的整体形象是不利的。一些家庭作坊企业，一对夫妻请了一个帮工，就开始造琴了。他们造钢琴，没有流水线，全是手工作业。一年生产不了几架钢琴，而且价格一般较低。

2. 区域学习障碍

区域学习是指参与区域创新活动的企业及企业与相关机构之间通过"交互学习"，创造、获取、共享和应用知识，形成社会资本，提高区域创新能力的活动（顾新，李久平，冯结，2003）。区域学习通过组织之间的相互作用发生，区域学习形成社会资本。洛舍钢琴产业区的组织学习上存在诸多障碍，表现为：

（1）企业学习问题。企业创新主要体现在钢琴的外观设计上。一些小企业试图进行创新，如，钢琴自动演奏系统的研发，但还没有形成市场。配件企业生产的零部件主要以钢琴中非影响质量的配件居多，如，螺丝、钉子等，稍重要零配件均从外地采购或钢琴整琴生产商自己生产。如，音板用木从东北、俄罗斯进口，钢丝从日本、德国进口，击弦机从宁波东方琴业采购，油漆从江苏常熟采购等。创新需要的高投入也使得企业不愿意进行创新，一方面是因为企业的实力不够，创新会导致产品成本的增加；另一方面还是因为即使不创新，产品的销路也不成问题。

（2）合作问题。调查发现，在很多情况下，企业之间的合作只是偶然的，甚至不存在。虽然通常企业家在很近的地理范围内一起生活，却很少共享产业发展的信息，讨论的问题也往往与产业无关。与此同时，一些规模较大的企业尽管和高校、科研机构建立了关系，但是实际合作的内容不多，企业实际获得的支持较少。

（3）产业联动问题。从理论上看，乐器产业不同于一般的消费品，消费者购买乐器后要经过培训才能使用。因此乐器的制造对相关服务行业如教育、培训、演出等活动具有拉动效应，与电子信息业、新材料业、物流业、环保业、研发和设计行业以及旅游业紧密联系。但是洛舍产业区与钢琴相关的产业没有得到应有的发展，产业之间的联动效应得不到体现。

（4）人才问题。洛舍钢琴企业生产人员大多数是当地的农民，技术素质相对较低。尽管一些人经过多年的实践锻炼，技术水平有了很大的提高，如，高月明经过20多年的发展从普通农民到高超的钢琴调音师[①]，但毕竟是少数，满足不了产业发展的质量需求。2000年后，洛舍镇钢琴产业急骤扩张，需要大量人才。目前的人才储备和培养模式无法与之平衡，需要大量引进。同进，一些企业因为缺乏留住人才的信心和能力而不愿意投资培养人才，使得人才问题更加紧迫。

———————————

① 根据实地调研。

3. 未来预期的偏差

区域经济格局是不断变化的，有时会产生突变，这种突变与历史和预期相联系。从国际来看，钢琴产业的转移从来没有停止过，伴随的是产业全球生产网络及其价值活动的重新分布；从国内来看，钢琴产业重新洗牌的呼声日益高涨。洛舍钢琴产业区的形成有其内在的作用机理，也有其外部的发展条件。在这种内部机理和外在条件的相互作用过程中，产业区也在不断地发展。然而，调查发现，一些企业出于对历史路径的依赖和对未来市场的积极预期，对钢琴产业如何洗牌及对自身未来发展的影响并没有足够的重视，对产业区可能遇到的风险也缺少足够的防范。

第二节 江苏溪桥小提琴产业区的变迁

一、溪桥小提琴产业发展概况

江苏省泰兴市溪桥镇，是一座位于"长三角"经济圈的苏中小镇，它沟通江海、承启南北。公路方面：宁（南京）通（南通）高速、宁（南京）靖（靖江）盐（盐城）高速、京沪高速交汇连通，直通江阴长江大桥的出入口就在溪桥。铁路方面：新（江苏新沂）长（浙江长兴）铁路贯穿泰兴南北，与国家铁路主干线"陇海线"、"京沪线"交叉相连，并设有现代化货运编组站。港口方面：距溪桥半小时车程的泰兴经济开发区港口为国家一类开放港口，可直接停泊外籍船只，现最大泊位 2.5 万吨，区内还有化工、建材、液化气、油品等多座码头。航空方面：距上海虹桥机场、南京禄口机场 2 小时车程，距无锡、常州、南通机场 1 小时车程。

溪桥镇位于江苏省泰州市泰兴市中东部，紧邻革命历史名镇黄桥。溪桥镇总人口 3.36 万人（2007 年），总面积 30.91 平方公里，下辖 12 个行政村（居）。①。根据泰兴市十三届人大常委会第十七次会议通过的泰兴市

---

① 百度百科．http：//www. hudong. com/wiki/% E6% BA% AA% E6% A1% A5% E9% 95% 87.

部分乡镇区划调整方案，从2010年4月7日起，溪桥镇与泰兴市刘陈镇、黄桥镇合并设立新的黄桥镇，行政区域面积175.95平方公里，人口19.12万人，辖12居委会、55个村委会①。

1. 溪桥小提琴产业区主要产品

提琴、吉他、电吉他等三大系列产品是溪桥小提琴产业区的主要产品类型。溪桥镇作为小提琴产业区最主要的产品是提琴类产品，包括小提琴、中提琴、大提琴、低音提琴以及电子提琴等一系列的提琴制品；另外吉他也是溪桥小提琴产业区的主要产品，包括吉他、贝司、电吉他、电贝司等相关吉他制品；琴弓、配件等也是主要产品；此外，溪桥小提琴产业区的发展还带动了当地包袋及琴盒等相关产品的发展。图5-3是作者根据调研整理的溪桥小提琴产品结构图。

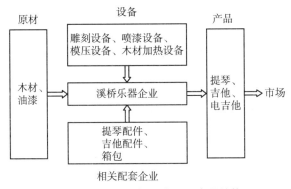

图5-3 溪桥小提琴产业区产品结构

（1）提琴类产品。溪桥的提琴制造历史可以追溯到1964年，当时只是为上海提琴厂加工配件。但正是这个制作配件的手工作坊拉开了溪桥小提琴产业的序幕。目前溪桥已成为专业生产小提琴、中提琴、大提琴等一系列提琴制品的专业乐器产业区。其中小提琴是一种四条弦的弓弦乐器，由30多个零件组成。其主要构件有琴头、琴身、琴颈、弦轴、琴弦、琴马、腮托、琴弓、面板、侧板、音柱等。小提琴共有四根弦，分为：1弦

---

① http://tieba.baidu.com/f? kz=739693619.

（E弦）、2弦（A弦）、3弦（D弦）和4弦（G弦）。它是提琴家族中的主要成员（该族系中的其他成员是：中提琴、大提琴和低音提琴）。也是溪桥最重要的产品之一。

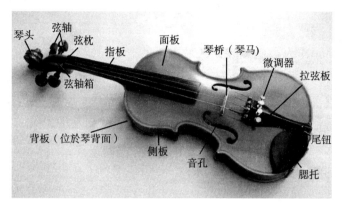

图5-4　小提琴主要构件

（2）吉他类产品。吉他和电吉他也是溪桥小提琴产业区的主要支柱产品。目前溪桥年产各类吉他制品近100万套。吉他属于弹拨乐器，通常有六条弦，形状与提琴相似。其面板与背板都是平的，琴身腰部一般无角而往里凹，古典吉他一般无凹陷。琴颈很宽，长，指板上有弦枕并装有很多窄而稍向上凸起的金属制的横格，称之为"品"，它把琴弦划分为许多半音。作为弦乐器家族中的一员，吉他是一种通过拨动上面一根根的琴弦发出声音的有弦的演奏乐器。弹奏时用一只手拨动琴弦，另一只手的手指抵在指板上，后者是覆盖在琴颈上的金属小条。弹奏出来的声音会通过吉他的共鸣箱得到增强。吉他在流行音乐、摇滚音乐、蓝调、民歌、佛朗明哥中，常被视为主要乐器。

（3）包袋及箱包类产品。该类展品主要是在当地乐器产业发展壮大的基础上衍生出的与之配套的产业。主要生产各类包袋和包装盒，大多直接为当地乐器企业服务。他们生产高中低档的提琴盒、吉他盒等。

2. 溪桥小提琴产业发展概况

位于苏北平原黄桥老区的泰兴市溪桥镇，有70多家小提琴制造企业，100 多家乐器配件制造厂，年产各式提琴 60 万把，产木吉他、电吉他等乐器 80 万套，90% 以上的产品出口五大洲的 60 多个国家和地区。全镇有 2.5 万人从事乐器制造，他们以该地区 70% 的劳动力创造出占国内 70%、占全球 30% 以上的提琴产量[①]。截至 2009 年年底，溪桥镇累计出口各类提琴 500 万把，实现外贸收购额 30 亿元之多，被全球演艺界誉为"提琴王国"。溪桥镇被中国轻工业联合会与中国乐器协会联合命名为"中国提琴产业之都"[②]。

如今，溪桥提琴已远销美、英、法、埃及等 60 多个国家和地区，凤灵公司成为全世界生产小提琴数量最多的企业，同时凤灵公司还被世界权威乐器杂志《音乐贸易》列为全球乐器音响制造业 225 强之一[③]。如今溪桥镇每年都要举办"提琴文化科技节"，通过这个平台，来自各地的乐器制造家们交流技术创新，至今已取得 40 余项专利。

世界上最大的提琴制造商——江苏凤灵乐器集团

江苏凤灵乐器集团凤灵提琴 12 年销量世界第一。世界上最大的提琴制造企业——江苏凤灵乐器集团作为国内唯一的提琴企业参加中国 2010 年上海世博会中国元素"乐坊"区的展示展演活动。2010 年上海世博会"中国元素"活动区由上海世博局与 31 个省区市和港澳地区联合打造，是各省区市参与上海世博会的重要组成部分。江苏凤灵乐器集团聘请乐器演奏名家以及提琴制作大师，现场与观众互动，展示提琴艺术的魅力和制作的技艺。

江苏凤灵乐器集团位于泰州长江之滨泰兴"中国提琴之乡"溪桥镇，创办于 1968 年，是专业生产小提琴、中提琴、大提琴、大贝司、古典吉他、民谣吉他、电吉他、电贝司和电子二胡等系列产品的大型企业，现有

---

① 参考溪桥调研访谈录。

② 孟建军. 溪桥镇获授中国提琴产业之都称号. http：//www. cmii. com. cn/c/cn/news/2010 - 01/27/news_3877. html.

③ 中国乐器年鉴（2011）。

员工1300多人,其中技术人员400多人;占地面积13万平方米,建筑面积5.8万平方米;具备年产各类型号和各种档次的提琴产品30万套、大提琴5万套、木吉他产品50万只、电吉他20万只的生产能力,98%以上的产品销往美国、德国、日本、意大利等60多个国家和地区。提琴的生产规模、技术力量、材料储备、出口创汇均居世界首位,凤灵提琴连续12年世界销量第一。世界上每五把小提琴,有一把是泰兴生产的。

江苏凤灵乐器集团的提琴、吉他、电吉他等三大系列产品,凤灵、莺歌、李书等三个品牌产品均被认定为"国家免检产品"、"国家文化出口重点项目"。公司是中国提琴协会会长单位,是国家9项提琴行业标准、3项吉他行业标准的起草、编制单位,是国家《提琴制作工》职业技能等级标准及教材的起草编制单位。"凤灵"商标连续12年被认定为"中国著名品牌"、"江苏省著名商标","凤灵"乐器连续12年被评为"江苏省名牌"产品,多次荣获国际博览会"金奖产品"和外贸出口"免检产品"。

江苏凤灵乐器集团荣获出口企业全国"双优"奖,连续6年跻身全球乐器音响制造业150强、被命名为"国家文化产业示范基地",被评为"国家文化出口重点企业"、"全国卓越绩效先进企业特别奖"、"全国轻工业质量效益型先进企业"、"全国企业信息化先进单位"、"中国乐器行业强势公司"、被授予"江苏省现代企业制度示范企业"、江苏省"明星企业"、江苏省"优秀民营企业"、江苏省"质量诚信企业"、江苏省"民营企业就业先进单位"、"江苏省文明单位"、"江苏省精神文明建设先进单位"、江苏省"AAA级信用企业等荣誉称号"。企业拥有国家级乐器声学品质检测室、国家级特有工种职业技能鉴定站和全国轻工乐器行业技能培训中心和省级乐器材料与技术应用工程研究中心。

江苏凤灵乐器集团聘请国际著名小提琴制作大师、中央音乐学院郑荃教授为技术总顾问,聘请国际著名小提琴演奏大师吕思清为国际形象代言人、形象大使。

(资料来源:http://zkcytzzz.agent.zidc.cn/simple/? t597.html)

二、溪桥小提琴产业区的变迁特征

1. 新厂大多从原凤灵提琴厂衍生

1964 年上海提琴厂下放工人来到溪桥，为生活所迫，在黄桥区开办了一个为上海乐器厂加工琴头、弓杆等乐器配件的小作坊。经过多年的缓慢发展，20 世纪末，由于乡镇集体企业中掀起一股组织制度改革的热潮，企业衍生速度加快，有很多新企业从原凤灵提琴厂衍生出来。新成立提琴企业的负责人，几乎都是从原凤灵提琴厂出来，他们在原企业曾经是副厂长、销售科长、车间主任、技术员、业务员、职工等。面对提琴市场需求不断扩大的市场形势，他们利用各种办法贷款、借资筹办企业。到 2010 年年底，黄桥发展到有 70 多家小提琴整琴制造企业、100 多家乐器配件制造厂及一批家庭作坊式生产商。

2. 形成了较为完整的提琴产业链

在起步期，企业采取师傅带徒弟的生产模式，为上海乐器厂加工琴头和弓杆。虽然 1973 年溪桥生产出了一只成品小提琴，但主要还是为上海提琴厂批量加工半成品琴。经过 20 多年的发展，溪桥已能生产大多数小提琴零部件，产业区专业化协作配套加强，形成了较为完整的提琴生产产业链。

3. 提琴文化氛围渐浓

许多发达国家的特色产业与特色文化密不可分，而且特色文化不仅能促进该产业的发展，其本身也是一种生气勃勃的产业，如瑞士的钟表和法国的葡萄酒等，都将产业和文化很好地融为一体。以前"提琴之乡"仅盯住扩大加工配套产业，而现在开始在文化产业中拓展。溪桥镇与泰州师专合作开展了提琴教学实验，每逢周六，南师大泰州学院都会派出音乐系教师前来指导。目前，溪桥中心小学有多个小提琴教育试点班，越来越多的孩子拉起了小提琴。提琴企业也纷纷培训自己的演奏队伍。有的企业还与泰兴市歌剧团签订协议，成立提琴艺术发展中心等。

4. 与区外联系逐渐加强

产业区与区外知识源地的联系，在大企业之间特别明显。1994 年溪桥乐器厂与上海乐器厂的十年联营宣告结束，但由于溪桥乐器厂与外贸公司以及日本等外商建立了良好的贸易联系，工厂产值超过 1000 万元，跃居当时全国十强之列。1996 年与美国 AXL 公司合作成立泰兴凤灵乐器有限公司，公司 50% 的产品通过 AXL 公司销往美国市场。琴艺乐器有限公司通过与香港公司合作，经过十年的努力，工厂发展初具规模，产品形象已根植欧美市场。2005 年，公司优质学习琴 Prima200 系列产品荣获英国教育机构弓弦乐器评选金奖，并获唯一推荐学习使用。2006 年，该系列产品和公司专业用琴 Viol 系列产品一起又被挑选为"亚太博鳌论坛医药分会"组织活动的礼品赠予与会国家元首和业务代表。而中小企业，则更多的是与大企业之间的技术交流，通过制琴师、贴牌等的共享帮助中小企业发展。

三、溪桥小提琴产业区变迁中的问题

1. 企业技术能力不足

1964 年，新成立的制造配件的小作坊在黄桥区综合厂开张时员工只有 7 人，是综合厂的一个小组，包括殷平一和殷伯厂（上海乐器厂的下放工人）和后来担任凤灵公司生产厂长的翁才碗等人。1966 年车间增加了 4 名师傅，5 名徒工，后来担任凤灵技术厂长的殷留堂是其中之一。当时只能生产琴头、弓杆等配件。而且完全依靠师傅带徒弟，口口相传的方式。1973 年由下放来泰兴的上海民乐团作曲家何彬负责监制和调试溪桥造出了第一只成品小提琴，取名"向阳牌"。溪桥提琴厂自此开始进行小批量试产。此后，开始不断添置设备。目前一些整琴生产厂家主要是给国外厂家贴牌加工，企业的技术创新主要依赖于模仿和外部引进，溪桥产业区本身研发能力较弱。

2. 处在全球价值链低端

虽然，泰兴溪桥小提琴产量已占全国提琴总产量的70%以上，满足全世界30%的市场需求，产品销往欧美等 50 多个国家和地区。但是溪桥主要生产的是普及琴和学习琴，再加上在市场竞争中，企业相互压价，原材料价格上涨，整个小提琴行业的利润率相当低。溪桥的小提琴企业大多没有自己的品牌，主要靠做代加工（OEM）为主。品牌知名度和工艺水平决定在价值链中所能够分配到的利润水平，来自美国首席营销官协会的数字显示，品牌厂商的平均产品毛利率为27%，而厂商的平均产品毛利率仅为10%（夏鹏，孙辉，2007）。

　　3. 过度依赖国际市场

　　溪桥扮演着世界小提琴生产基地的角色。随着国内经济的复苏和全球经济一体化的发展，溪桥小提琴产业区大多数企业都在做外贸出口，生产的产品很少在国内市场销售。如凤灵集团2010年提琴产量38万多把，其中出口量34.2万把，近90%的产品销往国外。琴艺乐器有限公司2010年生产提琴31350把，其中28000把是出口到国外的，90%的产品是出口到国外的。可以看出，溪桥小提琴产业对国外市场依存度非常大，国际市场的微小变化，都会极大地影响生产。2008年世界金融危机，溪桥的小提琴企业出口订单迅速减少。

第三节　天津静海乐器产业区的变迁

一、静海乐器产业区概况

　　静海县位于天津市西南部，历史悠久，汉朝时就已建成县城。现辖有16个镇、2个乡。国土面积1476平方公里。县城距天津市区40公里，东临渤海，西连冀中，南临沧州，北接津京，素有"津南门户"之称，是国务院批准的沿海开放县之一。静海县拥有30多年的乐器制造历史，现有乐器生产企业86家，乐器零配件生产企业16家，乐器箱包装生产厂6家①。静海的乐器产品，可以分为西洋乐器和民族乐器两大类，年产各种乐器上百万件，30多个系列，120多个品种，被称为"中国北方民族乐器

---

　　① 网易新闻：静海县乐器彰显优势唱主角. http：//news. 163. com/09/1103/17/5N7BPRM－5000120GR. html.

之都"①。静海的乐器生产企业，集中分布在蔡公庄镇四党口中村、中旺镇中旺村和子牙镇潘庄子村。此外还有杨成庄乡、沿庄镇和静海镇等乡镇的乐器生产集中区，但企业规模较小。

蔡公庄镇主要生产制造西洋乐器中的铜管乐器，为代表的四党口中村目前有正式生产企业 27 家，主打产品有萨克斯、黑管、号等。萨克斯包括次中音萨克斯、中音萨克斯、上低音萨克斯和高音萨克斯等多种。号包括小号、圆号、长号、短号、富鲁格号等经典款（见图 5 - 5，图 5 - 6），同时生产贝司号、手掌号、立键行进号等专业款。蔡公庄镇西洋乐器畅销欧美 60 多个国家和地区。

图 5 - 5　蔡公庄镇圣迪乐器
公司的大号、小号

图 5 - 6　蔡公庄镇奥维斯乐器
公司的小号

子牙镇主要生产制造民族乐器，主打产品有葫芦丝、巴乌、笛子、唢呐等，主打产品在国内专业市场中占有较大份额。子牙镇的葫芦丝产品包括天然葫芦丝、木杆葫芦丝、木纹葫芦丝，其中森雀乐器厂景泰蓝葫芦丝的外观设计多次获得国家专利（见图 5 - 7，图 5 - 8）。巴乌的产品包括木纹巴乌、紫竹巴乌、红木巴乌、红檀巴乌以及可调竖吹巴乌等。笛子产品包括乌木笛子、黑檀木笛子、紫竹笛子等。唢呐产品包括专业唢呐、次中音加键唢呐、红木唢呐、乌木唢呐等。其中，子牙镇的潘庄子村，是静海县最大的民族乐器产业区。

---

① 关于静海乐器产业发展的调研报告. http://www.smetjjh.gov.cn/details.jsp? nid = 1319.

图 5 - 7　子牙镇森雀牌葫芦丝　　　　图 5 - 8　子牙镇森雀牌巴乌

中旺镇的天津华韵乐器有限公司（前身为天津市鹦鹉乐器公司）规模较大，对周边乐器厂的发展壮大起了一定的带动作用。华韵乐器主打产品是手风琴、风琴、爵士鼓、军鼓、古筝等（见图 5 - 9，图 5 - 10），其中

图 5 - 9　华韵乐器公司的　　　　图 5 - 10　华韵乐器公司的
　　　鹦鹉牌手风琴　　　　　　　　　鹦鹉牌架子鼓

"鹦鹉牌"手风琴闻名海内外，主要品种包括键盘式手风琴、键钮式手风琴、六角形手风琴等。

二、静海乐器产业区变迁特点

1. 组织变迁：内部衍生性

静海乐器企业大多是内部衍生出来的。在蔡公庄镇四党口中村现有的27 家乐器厂中，有25 家企业是从圣迪乐器有限公司和奥维斯乐器有限公司分离出来的。子牙镇民族乐器产业区的众多乐器企业也都是从本地企业分离出来的。①

2. 产品生产：从代加工到自创品牌

静海县的乐器制造，是从给天津市乐器厂加工零件开始的。20世纪60~70年代，蔡公庄镇四党口中村的一家磨光厂，给天津管乐器厂加工磨配件。1979~1981年，开始自己生产乐器配件和组装整件，建起了小号厂、中西乐器厂等3个专业生产乐器的村办企业。随后，企业数量越来越多，产量越来越大。

在很长时间里，只有中旺镇的华韵乐器有限公司和蔡公庄镇天津圣迪乐器有限公司具有较大的规模，有自己的品牌。其他的乐器制作厂则靠模仿维持生存。近些年来，随着政府加大对乐器产业的扶持，一些过去靠模仿的小厂引进了技术和人才，并拥有了自己独立的品牌。例如，子牙镇宏艺民族乐器乐器制作厂，企业成立之初，靠贴牌维持生产。近些年，企业获得了上海乐器二厂的生产"凤鸣"牌唢呐的授权，目前正在申请唢呐的技术专利。

3. 产权变迁：从集体到私营

静海县乐器产业区既有西洋乐器（蔡公庄镇、中旺镇），又有民族乐器（子牙镇、中旺镇），基本同时起源于20世纪60年代的村集体企业。改革开放后，村集体企业解体，乐器厂被私人接管，但产权不明确。2000年以后，随着市场经济的发展，原有的乐器厂经改制，变成了私有企业。

4. 文化变迁：快乐音乐小镇

静海县正在规划的"东方乐器城"以建设国际快乐音乐小镇概念入手，依托静海已有的乐器生产基础，打造一个世界著名的集乐器研发、展示、贸易、演艺、比赛、旅游、休闲、培训及文化交流为一体的乐器生产中心、贸易中心、演艺中心，借此实现天津乐器产业全面升级。

---

① 资料来源于：2011年10月11~14日中国上海国际乐器展调研。

三、静海乐器产业区变迁动因

1. 制度转型

静海县最早的乐器厂是村大队负责的集体企业。1978 年改革开放后，村大队解体，乐器厂被几个负责人接管，但乐器生产并没有作为主业，而是农闲时节的副业以及休闲娱乐事业。2000 年以后，随着市场经济的进一步发展，这些原有的乐器厂经改制，被个人承包。制度的转型使得静海乐器进入了快速衍生期。

2. 领军企业的衍生带动

领军企业的衍生带动作用在静海县乐器产业区表现得尤为明显，三个主要镇的乐器生产企业几乎都是从各镇领军的企业中演化出来的。例如，子牙镇民乐领军企业盛兴民族乐器厂，最多的时候一年有 22 人从该企业分离出来自立门户，创建乐器厂。

3. 政府扶持

静海县工业基础雄厚，乐器行业在工业产值中所占比重并不算大，但政府把乐器产业定位为文化产业，重点扶持。近年来，静海县政府落实"文化兴县"战略，出台了一系列的政策，积极扶持乐器产业发展。政府积极引进战略投资者重组静海乐器产业，培育一批现代化经营又有自主知识产权的龙头企业。在政府的扶持下，蔡公庄镇建成西洋乐器园区，2008年，该园区被市政府命名为文化产业示范基地。

四、静海乐器产业区变迁中的问题

1. 多是贴牌生产

贴牌生产能够使企业存活下来，对中小企业有很大的吸引力。但是，一旦选择贴牌生产，企业也就难以培育全球性的品牌，企业的竞争力也会受到影响。静海乐器产业区虽然拥有一些如"鹦鹉牌"手风琴、"雅乐牌"脚踏风琴等国内知名品牌，但离产品的研发设计、生产能力阶段（ODM）、独有品牌、独有技术的产品制造阶段（OBM）还有较大的差距。蔡公庄镇圣迪乐器有限公司产品出口量超过95%，而出口到国外的乐器产品都在为国外的 SELMER 公司和 GEWA 公司做贴牌。[①] 蔡公庄镇奥维斯乐器有限公司，和圣迪乐器公司相同，虽然其产品有90%～95%销往国外，但在出口产品中，80% 为给国外贴牌，只有 20% 是自己的品牌[②]。

2. 生产技术依赖国外

据中国乐器协会与国家轻工业乐器信息中心对国内主要西洋管乐器的产量统计，2010 年西洋管乐器产量达到 146.13 万支，同比增长 5.9%。年产量超过 10 万支的大型企业有河北金音乐器制造有限公司、天津圣迪乐器有限公司、天津津宝乐器有限公司和山东泰山乐器有限公司，四家企业合计产量占西管乐器总产量的 72.12%[③]。可以看出静海乐器产业区的天津圣迪乐器有限公司在国内的西洋管乐器制造市场上占有重要的地位，但静海乐器企业生产技术大多依赖国外，如蔡公庄镇的西洋乐器加工企业的技术基本来源于国外，几乎没有自主技术。蔡公庄镇奥维斯乐器公司的大号在国际国内市场上都占有十分重要的位置，其技术每年依靠邀请国外的专家前来指导。

3. 面临国际市场的压力

近年来，"中国制造西洋乐器"因质量的提升和价格优势以及诚信服务受到国际市场的青睐。但是受人民币升值、原材料涨价、劳动力成本上升等因素的影响，企业利润空间一再缩小。一些重点乐器生产企业反映，2010 年销售收入虽然有两位数的增长，但是利润仅有百分之几，甚至没有利润。由于国内企业在国际市场上没有定价权，一些国际大牌西洋乐器公司开始把目光转向制造成本比中国更低的国家和地区，"印尼制造"、"越南制造"的西洋乐器已经越来越多地出现在国际市场，因此，中国西洋乐器制造业面临着西方国家产业转移的压力。

---

① ②　2011 年 10 月 11～14 日中国上海国际乐器展调研。
③　中国轻工业出版社.《中国乐器年鉴 2011》，2011，126.

4. 质量参差不齐

在产品质量方面，尽管龙头企业生产的乐器质量好、市场销量好，但更多的小企业生产出来的乐器只为仿造，质量低劣。如在蔡公庄镇的四党口中村，除圣迪乐器有限公司和奥维斯乐器有限公司规模较大、档次较高外，更多的是十几个人，甚至三五个人的家庭作坊式企业，生产工艺比较原始，这些企业在设备、技术、产品质量等方面均较差。

5. 管理水平有待提高

一是静海县现有的乐器制造企业大多为家族式管理。产业区内部缺少高素质的管理人才和技术人才，直接影响到企业的经济效益。二是产业协会作用弱。静海县适应市场经济发展需要，于 2010 年建立了西洋乐器和民族乐器的商会。但商会由于成立时间短，缺乏综合协调能力，并没有发挥其应有的作用。

2010 年 8 月 13 日，静海县民族乐器制造商会在子牙镇成立。会议审议通过了《静海县民族乐器制造商会章程》，选举产生了静海县民族乐器制造商会理事会。静海县子牙镇盛兴乐器厂厂长王泽云当选商会会长。县长助理、县工业经委主任李洪东和县工商联、子牙镇负责同志出席。2010年 9 月，静海县西洋乐器制造商会在蔡公庄镇成立，圣迪乐器董事长王玉春任第一届商会会长。

（资料来源：2011 中国乐器年鉴第 129 页）

----

6. 产业区空间布局不合理

蔡公庄镇西洋乐器产业区内部存在诸多问题。四党口中村虽建立了乐器城，至今进城经营的只有 6 家，其余 21 家在外分散经营。产业区功能分区不合理，土地利用效率有待提高。产业区内部产业链体系较为薄弱，企业间联系不够密切。园区内生活服务、污水治理、管理咨询、律师事务所等机构不健全，缺少专业员工培训机构。

子牙镇潘庄子村企业比较多，全村除乐器生产企业外，还有自行车零件厂等多家企业。企业和居民混居现象严重，有的在家庭院落生产经营，形成现有的"企业包围居民，居民包围企业"的混居现象，这给企业的发展和居民生活都带来影响。

第四节　扬州古筝产业区的变迁

一、扬州古筝产业区概况

据文献记载，筝至少在2500多年前便已存在，现代人习惯在其名字前冠以"古"字以表示其悠远的历史。西周年代，秦人聚居西陲之时，筝就用来作为占卜、伴唱的常见乐器，为秦人所崇尚。到了汉朝，筝曲成为宫廷中演奏的音乐，在宫廷乐府所采集的各地民歌俗乐中，皆有用筝的历史。东汉文人中赞扬古筝的作品也很多见，如张衡的《南都赋》中"弹筝吹笙，更为新声"。尽管有这些文人论筝之作，但从整体看，筝始终是作为民间乐器流传至今的。20世纪初，全国形成南北两大筝派的格局，北派有河南派与山东派，南派有浙派、潮州派与客家派，筝乐发源地的陕西筝乐已经衰落。

古筝有13弦筝、16弦筝、18弦筝、21弦筝、23弦筝等之分。目前普遍用于演奏与考级的古筝形制是S163-21型，S代表S形岳山，163代表古筝长度是163厘米左右，21代表古筝弦数21根。结构图如图5-11所示。

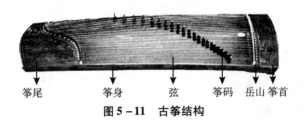

筝尾　　　　筝身　　　　弦　　　　筝码　　岳山　筝首

图5-11　古筝结构

古筝产业在我国民族乐器产业中有着特殊的地位。古筝在其发展中不断积淀了丰富的文化内涵，是我们中华民族文化的瑰宝。通过近些年的快速发展，古筝产业在我国民族乐器中占有举足轻重的地位。据中国乐器协会和国家轻工业乐器信息中心统计，2008 年主要民族乐器生产企业产品产量为 656566 件，其中古筝就占了 172532 件①。目前，我国古筝产业空间布局出现集群分布，扬州、上海和兰考为我国古筝生产的三个主产区，其中扬州古筝产业区的集群现象最为显著与典型。

扬州早在唐代就成为古筝的重要产地。到了明朝，著名的《陶庵梦忆》之"扬州清明"一章记载"……长塘丰草，走马放鹰，高阜平岗，斗鸡蹴鞠；茂林清樾，劈阮弹筝"。盛大的踏青活动中，"弹筝"是一个重要项目。扬州的古筝演奏活动，在明末清初相当活跃，"千家养女先教曲"的传统习惯更是一直流传至今。清代，扬州的古筝演奏家们汲取了以山东、河南为代表的北派和以广东潮州为代表的南派演奏长处，创立了"广陵琴派"，将古筝演奏艺术和技巧推向成熟和繁荣，表现力更加丰富。《扬州画舫录》卷首还记有"年年肠断玉箫声，檀板红牙小部筝"。20 世纪 30 年代，筝艺大师史荫美先生回到故乡扬州，由于他在扬州的活跃，当时的筝坛一度欣欣向荣，可是，随着日本侵华战争的全面爆发，艺人们各地流散，筝坛衰落②。当代的扬州古筝制造在国内外的地位突出。扬州古筝的复兴始于 20 世纪 80 年代。1983 年，第一家古筝制造厂在扬州开办，1987 年扬州开始有古琴厂。目前扬州有古琴厂几十家，大多都是艺人自己在造，古筝制造企业 120 多家，古筝年总产量近 20 万台，产值达 2 亿元，创千万元产值的企业有近 10 家，拥有古筝制造专利 100 多项，创江苏名牌和著名品牌的有 4 家企业，古筝产量达全国古筝产量的 2/3，一些产品在全国性各种评比中多次获得金奖，根据有中国的福布斯之称的中国排行榜网数据显示 2010 年中国古筝行业十大品牌中扬州占了 8 席。可以说，扬州古筝制造业已经进入繁荣发展阶段，开始出现集群发展，成为扬州的特色文化产业（见表 5-3）。1998 年，扬州凭借其古筝生产的规模

---

① 中国乐器协会信息部. 2008 年中国乐器行业年度报告——民族乐器制造业 [R]. 中国乐器协会信息网，2009. 7. 31.

② http：//www. jy-cn. cn/jinyun/xswz/Index. shtml 和 http：//www. qinzheng. org/view thread. php? tid = 166.

与质量，被文化部评定为中国古筝之乡，这是对扬州古筝产业发展的肯定，这也标志着扬州古筝生产在全国的霸主地位的形成。

表 5-3　　　　　　　　　　2010 年古筝产业十大品牌①

品牌	地区	特点
敦煌	上海	上海市著名商标，我国生产规模最大、品种最齐全的民族乐器生产企业
金声	扬州	国内规模最大的古筝制造企业之一，古筝十大品牌
秦韵	扬州	大型知名老牌乐器企业，产品畅销全国各地以及海外地区
龙凤	扬州	古筝十大品牌，扬州市知名品牌，大规模的民族乐器产销企业
琼花	扬州	国内民族乐器行业内著名品牌，扬州最早生产古筝的厂家之一
碧泉	扬州	扬州市知名商标，产品远销海外，中国大型的古筝制造企业
天艺	扬州	扬州地区古筝产销量最大的厂家之一，扬州市最大的民族乐器厂家之一
金韵	扬州	江苏省著名商标，专注于中高档专业型古筝古琴的研发制作
朱雀	西安	于1958年，50年历史，十大古筝品牌，专一生产"朱雀"牌古筝
雅韵	扬州	一家专业生产古筝、古琴、二胡等民族乐器的龙头企业

二、扬州古筝产业区的变迁

1. 企业衍生的复制性

扬州的古筝企业是复制出来的。扬州的第一个企业是 1983 年由张弓及其合作者创立的。1983 年，张弓、田步高、卢玉平等人，通过与上海联营生产，创办了扬州第一家古筝厂——扬州民族乐器厂。1986 年，扬州又出现了扬州民族乐器研制厂，其生产的"龙凤牌"古筝，标志着扬州人独立制筝的开始，拉开了扬州古筝产业的序幕。创建于 1988 年的扬州古筝厂在 1991 年达到生产、品质高峰，逐渐成为国内大规模、高档次演奏会的供应商。1996 年，扬州正声乐器厂的新厂房落成，成为扬州第一家有正规厂房的古筝厂，标志着扬州古筝制造进入了工业化阶段。随后进入企业复制期，企业数量加速增长。至 2008 年扬州共有 120 家多古筝制造企业。

2. 企业产品不断创新

20 世纪 70 年代初，在扬州城找不到一台古筝可作参考，张弓老师和田

---

① 2010 年中国古筝十大品牌排行榜．http：//www.phb168.com/list1/66436.htm.

步高利用扬州小红花宣传队营地，请南艺涂永梅老师画了一张图，于是就开始了扬州第一代古筝的研制。后来，在各方面支持下，市工艺美术社开始批量生产古筝，市少年宫恢复筹建以后，为解决学生购筝难的问题，正式开办了扬州民族乐器研制厂，把古筝、古琴作为主打产品。扬州产业区古筝生产从手工逐渐走上工业化道路。以前的筝都是纯手工制作，在现在的制作工艺中，加入了电刨、热压、电锯等现代工艺，但对工匠的要求依然是高的。生产一台古筝，从材料到成品一般周期需要 100 多天，雕刻、镶嵌是纯手工的，需要极大的耐心[①]。目前已经有厂家将扬州漆器的优秀制作技艺运用到古筝制作中，提升了古筝的文化品位，提高了古筝的收藏价值。

近年来，为了进一步树立"扬州筝"品牌，扬州市古筝生产企业不断加大科技创新力度，对生产工艺不断研发改良。如由田步高、田泉父子创办的龙凤乐器生产企业创造了琴坛筝界的八项第一，获得了六项发明专利，通过了三项省部级科技新产品鉴定，还创办了填补国内空白的华夏古筝艺术博物馆[②]。但大部分企业还停留在模仿量产阶段，往往一个新的设计出品不到两个月就会有模仿产品出来，但被模仿的仅仅是外观和工艺流程，乐器最重要的音质音色等却无法被模仿。类似情况直接造成了古筝市场繁荣背后的迷乱，客观上来说既不利于鼓励生产企业的研发行为，也不利于市场消费群体的理性化成熟化[③]。

在古筝制造技术的基础上，扬州古筝制造企业申请古筝制造专利 100 多项，包括转调筝、电声古筝、蝶式古筝、创意古筝等。2000 年，新型转调筝（简称"新筝"）在扬州全国古筝学术研讨会上首次亮相，引起了强烈反响，它具备两个相对独立而又密切联系的演奏区，可以同时具备五声音阶、七声音阶或者十二平均律的所有半音，可以演奏调式复杂的作品，表现力得到了极大丰富。

---

① 扬州：中国古筝之乡 . http：//www. qinzheng. org/viewthread. php？tid＝166.

② 田步高，田泉父子古筝音乐会在扬州举办 . http：//ndgb. blog. sohu. com/138106656. html.

③ 新网络时代的古筝行业发展 . http：//www. qinzheng. org/viewthread. php？tid＝9752&extra＝page%3D1.

3. 古筝文化空间扩散

古筝产业的发展强烈依赖古筝培训市场，古筝文化复兴的过程也是古筝产业快速发展的过程。现当代扬州古筝的复兴始于 80 年代。1979 年，张弓老师在扬州市少年宫创办了全国第一个少儿古筝培训班，经过各方面近三十年的努力，古城扬州筝艺普及已形成特色。老、中、青、少古筝培训班正常开展并逐年扩大，各种丰富多彩的筝艺活动相继举行，近年来，扬州考级点报考古筝的人数最多。"中国古筝艺术学术交流会" 1986 年、1991 年、1996 年、2000 年、2004 年和 2008 年连续六次在扬州召开。特别是 2008 年 8 月 19 至 22 日，由中国音乐家协会、扬州市人民政府主办的中国古筝艺术第 6 次学术交流会，除全国各省区市以及香港、台湾等地外，还有日本、美国、新加坡、新西兰、加拿大等国的代表参加，扬州市 8 家古筝生产企业提供赞助支持，同时通过各种形式融入古筝音乐事业中。1988 年百（人）筝大齐奏，1995 年百人大齐奏（在香港地区），这些活动的举行不仅推动了我国古筝音乐事业的发展，也带动了古筝制造业技术水平、产品质量的提高。古筝方面，2000 年扬州市被文化部命名为"古筝之乡"，古筝金钟奖颁奖基地永久落户扬州。在古琴方面，扬州是广陵琴派的发祥之地，2009 年还被中国民族器乐学会设为江苏省唯一的"古琴培训基地"。

三、扬州古筝产业区的变迁动因

1. 市场的需求

古筝作为民族乐器，文化内涵深厚是其特点，但相对钢琴、提琴等国内外流行的乐器而言，消费群体少，并且集中在国内。学习古筝的人数多少直接影响古筝产业的兴衰。在 80 年代以前，由于人们对于民族文化的关注不足，古筝的市场需求较小，相应的古筝的生产厂家也较少，随着我国综合国力增强，人们越来越关注本国传统文化，人们对于各种民族乐器的需求量逐年增多，而在众多的民族乐器中，古筝既善于表现优美抒情的曲调，又能抒发气势磅礴的乐章，被誉为"中国的钢琴"，因此获得了更多的关注。人们对于古筝的需求增加，而市场上古筝的供给小于需求，市场有了缺口，这就是机遇，这也是扬州早期古筝市场形成的原因之一。

2. 工艺的优势

扬州古筝产业的发展具有无可比拟的工艺优势。由于扬州是漆器、玉器之乡，所以古筝天然地具备了与玉器、漆器结合的优势。一大批能工巧匠，他们所从事的各种工艺如螺钿、雕刻、彩绘、玉石、骨雕、镶嵌银丝等十多种都可用于古筝装饰，目前，几乎所有的扬州企业生产出的古筝，都体现了艺术与工艺的结合，两者相得益彰。使得古筝不仅是一件高档乐器，更是一件高档艺术品，提升了古筝的文化品位，使之具有较高的收藏价值。2009年江苏省在扬州设立斫琴研究机构。所谓斫琴就是古代制琴的一种工艺，这种工艺本身也是一种文化。扬州的广陵琴派已经入选国家非物质文化遗产名录，通过"口传新授"在历代琴家、斫琴家之间流传的斫琴经验对于今天的古琴制作具有深刻的意义，对其展示也具有很高的旅游价值。

3. 关键人物的推动

扬州古筝产业的发展离不开一个关键人物——张弓。张弓对于民族传统文化的一片挚诚与对古筝古琴艺术的满腔热情，促成了扬州古筝之乡的形成。他并不拥有自己的企业，也不参与管理任何的企业，但在做大扬州古筝产业的过程中起到了巨大的推动作用。首先，张弓将古筝学习带进了扬州，激起了大家学习古筝的热情，人们对于古筝的需求增加，形成了扬州最早的古筝市场，为此后扬州古筝产业的发展创造了条件。其次，扬州第一台古筝由他牵头研制，第一个古筝培训班是他牵头创办，第一家古筝古琴制作工厂也是在他的帮助下成立。并在以后的过程中，一直关注着扬州古筝古琴等民族乐器的试制和研制工作，通过国内的有关专家教授深入到有关厂家进行具体指导。最后，张弓将古筝的学习与生产带进了扬州只是一个开始，他还扮演了协调者的角色，促进成立扬州古筝协会，将扬州古筝文化不断发扬光大，同时不断促进古筝生产的专业化、规范化。

四、扬州古筝产业区变迁中的问题

1. 空间布局分散，缺少龙头企业

扬州古筝企业的分布比较分散，现有古筝企业120多家，几家规模较

大的企业位于郊区，一些规模较小的企业位于工业园区内，但是这些工业园区并不是专一乐器产业的园区。

扬州古筝制造企业生产规模较小，多数为作坊式，呈现"百舸争流"难见龙舟显现的景象。虽有以金韵、雅韵、天艺、正声等为代表的几家具备一定规模和产量的古筝厂，但谈不上什么绝对的产业领袖①。登记注册的厂家不在少数，但没有一家能起到领头羊的作用。由于群龙无首，缺乏有绝对优势的龙头企业来整合资源，产业进入门槛低，企业之间缺乏互通协作，各自为战，争相走小而全的道路，重复投资建设，浪费资源。产业区内企业之间产业链垂直联系不多，没有形成区域分工，水平联系也少，企业内部完成大部分工序，生产流程难以分割，企业之间缺乏互相交流和分工协作。企业间的竞争关系远远大于合作关系，使得古筝生产隐含经验类知识难以彼此学习，具备技术优势的较大企业也不愿意与小企业分享各类技术成果及机会，产品创新受到极大的制约。

2. 劳动力素质偏低，缺乏产业规范

扬州古筝生产"得天独厚"地具备工艺优势及产品的多元及技术嫁接，然而这种技术嫁接却没有真正的用在古筝古琴的制作中去。古筝制造对于工艺技术要求很高，但扬州目前高技术的工人并不多，小作坊古筝企业的技术人才主要来自传统制作艺术的世代相传，传承过程中可能存在技艺流失的现象，很多工人没有接受良好的技术培训就上岗，甚至一些企业的厂长也不懂古筝。因此，产品的质量差别很大，有人戏称"全国最好的和最差的古筝都产自扬州"。

由于扬州古筝生产缺乏产业规范，各个厂家为了抢占市场，生产的古筝质量参差不齐，标准不一，主要表现为：长短不一，大小尺寸不规范，弦距不统一，内部音梁、音柱结构不合理，面板标准不一，琴码（雁柱），

---

① 张弓：做大扬州古筝产业的深层次思考. http：//www.51zheng.com/Article_Show.asp? ArticleID = 23307.

金属弦钉子，用弦质量等级相差很大①。一些企业为了降低成本没有专门的设计和制造技术人才，简单模仿有一定技术含量企业生产的古筝，在乐器制作的工艺流程上用料不注重质量，以次充好，制作工艺粗糙简单，导致走向低质低价的低端道路。落后的生产企业，稀释了扬州古筝制作过程中的技术含量，最终导致了全国范围的古筝市场上，扬州古筝质量良莠不齐，严重损害了扬州古筝品牌形象，降低了人们对于扬州古筝的评价。

3. 整体品牌不响，潜在竞争巨大

在扬州、上海和兰考三个古筝的主产区中，扬州古筝产业是依托区域传统文化和技艺优势自发兴起的，目前生产量最大但质量参差不齐、缺乏行业规范和标准，以小作坊独立生产为主，走低端道路，销售单一散乱，各自为战。没有发挥扬州古筝文化的传统优势，打造扬州古筝整体品牌形象。

上海的古筝生产量仅次于扬州，有近十家古筝生产企业。上海民族乐器一厂和上海敦煌乐器有限公司（同为上海民族乐器一厂控股），这两家企业的古筝总产量占上海古筝总产量的80%以上，是目前国内生产规模最大、品种最齐全、技术和综合实力最强的民族乐器生产基地，具有技术、管理、品牌、市场营销、规模等方面的经验和优势。比如上海民族乐器一厂，始建于1958年，1969年迁厂至上海，其生产的敦煌牌古筝是古筝爱好者们的首选。古筝年销售量达5万台，在同行中位列第一。企业的技术骨干针对手工制作古筝生产效率低下的问题大胆尝试组装式工艺生产，不仅提高了产品的生产效率，而且创建了标准化流程，实现了统一化操作和规模化生产。同时，他们依靠高技能员工研发高品质、高价位产品，生产的6万元的古筝已被人购买，增强了企业的竞争力。以上海民族乐器一厂为龙头，发展民族乐器产业集群是自然而然的选择，而目前上海的民族乐器生产厂家也在逐年增多，市场规模逐渐扩大，这将对扬州的古筝产业发展形成一定的制约。

兰考被誉为"中国民族乐器桐木音板生产基地"，依靠这一大资源优

---

① 张弓：做大扬州古筝产业的深层次思．http：//www. 51zheng. com/Article_Show. asp？ArticleID＝23307.

势，兰考的民族乐器生产企业可以就地取材，省去了原材料的长途运输的成本。古筝作为一种乐器对于原料的要求较高，尤其是古筝面板的原料决定了一台古筝的音质，在一定程度上，具有一种无可替代性，而河南兰考的古筝面板是目前公认的最好的生产原料，这为兰考古筝产业发展奠定了非常好的基础。兰考的民族乐器产业群规模正在逐年扩大，由最初的一家发展到现在的二三十家。而为了节省运输成本，民族乐器行业最著名的公司之一上海敦煌民族乐器有限公司也来此投资建厂。这无疑对扬州的古筝产业发展造成了很大的威胁。

4. 市场细化不明，产业发展低端

古筝的市场分为古筝演奏、古筝艺术品收藏高端市场和古筝爱好者、培训考试机构中低端市场。每一种市场都有稳定的消费群，但在扬州古筝产业区由于缺乏人才，古筝生产主要满足低端市场的需要。据调查，在扬州年总产量近20万台的古筝中，有80%以上是学生练习用筝，高级的演奏筝不多。高端市场没有培育起来，中低端市场也没有巩固和深度挖掘，扬州古筝在全国制造是一个点，但是演奏不是，名家集中在北京。比如古琴教学在北京市500~800元/节，在扬州300元/节却没人来学①。

第五节　山东郚鄌镇电声乐器产业区的变迁

一、郚鄌镇电声乐器产业区发展概况

1. 郚鄌镇概况

郚鄌镇位于山东省昌乐县西南部，总面积223.9平方公里，辖153个行政村，10.5万人，是省政府确立的"中心镇"，区位优越，交通便利，也是山东省"环境优美乡镇"、"省级文明镇"、"中国无籽西瓜之乡"②。

---

① 2010年4月6日扬州调研访谈。
② 百度百科. http://baike.baidu.com/view/410264.htm.

郎郿电声乐器产业园内电声乐器生产企业已发展到 106 家,从业人员 1.52 万余人,产品包括电吉他、电贝司、木吉他、木贝司、音箱和乐器配件 6 大系列 360 多个花色品种,80% 以上的销往国外。2009 年,全镇乐器产量 400 万把,音箱 60 万支,乐器配件 500 万套,实现主营业务收入 35 亿元。因发达的乐器产业,2007 年郎郿镇被省政府授予首批省级“特色镇”;2008 年被评为“山东省电声乐器产业基地”;2009 年被评为“中国电声乐器产业基地”,惠好、百灵两家乐器企业生产的“飞灵”牌和“仙乐”牌电吉他被评为“山东名牌产品”,惠好乐器有限公司被省旅游局确定为省级“工业旅游示范点”①。

2. 主要乐器介绍

(1) 电吉他。

电吉他是现代科学技术的产物,从外形到音响都与传统的吉他有着明显的差别。琴体使用新硬木制成,配有音量、音调调节器以及颤音结构等装置。配合效果器的使用,电吉他有很强的表现力,在现代音乐中有很重要的位置。

与传统木吉他相比,电吉他少了共鸣箱,琴体部分由实木构成。电吉他的发音是通过电磁拾音装置(拾音器)连接音箱(扬声器)而实现的,因此可以调节发音音量。由于摆脱了共鸣箱的限制,因此扩大了普通吉他的音域,并使高把位的表现力增强。另外,由于电吉他音量可大可小,音值可长可短,故比起普通木质吉他来,在演奏方面回旋余地更大,在表现滑音、颤音和倚音方面(这正是吉他类乐器的突出特点)更是游刃有余。而且电吉他的音色可由各种效果器来改变、修饰,达到各种不同的效果,以演奏各种不同风格的乐曲,更是这种乐器的魅力所在。电吉他必须通过扩音装置才能发声,以一条电缆线连接。演奏时通常还要连接效果器,以发出各种风格的声音(见图 5 - 12 和表 5 - 4)。

_____

① 琴瑟合奏之魅——郎郿乐器产业发展走笔. http://www.wfnews.com.cn/index/2010 - 10/20/content_842304. htm.

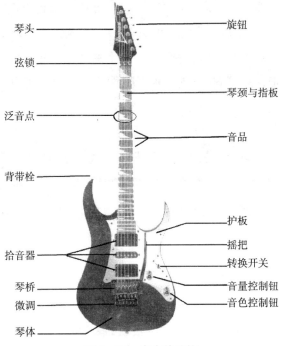

图 5 – 12　电吉他结构

表 5 – 4　　　　　　　　　　　电吉他零部件组成及功能

零部件	功能
琴头	都是用来作为弦音的传导和共振的，用的木头越紧密，发出来的声音就越好听
琴颈	
琴体	
琴弦	全靠此发音
品丝	区别音符位置和传导弦音
拾音器	电吉他的心脏，全靠它将弦音拾取并转换为电平，输入音箱放大
琴头旋钮	用来固定琴弦，并调校音准的
琴枕	合理归置琴弦，并起传导弦音的作用
琴颈内置调节钢筋	一般情况下是看不到的。它主要是为了加固琴颈，防止变形，并能用来调节琴颈的弧度
两个背带扣	用来系背带
琴桥	用来归置琴弦，并起传导弦音的作用，并可以配合摇把作提升或降低标准音的使用技巧，分单摇（仅降低），双摇（提升和降低），固定琴桥（不能使用摇把）。双摇的琴桥还在琴身背面配有拉力弹簧

续表

零部件	功能
音量旋钮	用来控制电吉他输出音量的大小
音调旋钮	用来控制电吉他输出声音的混响度
线圈控制开关 （也叫挡位器）	用来选择工作的拾音器组合。如果是双单双拾音器，则有五挡的选择。如果是双双拾音器，则只有三挡
摇把	作提升或降低标准音的使用技巧

（2）电贝司。

电贝司源自于倍低音提琴。1951 年福德公司发明了"真正的"电贝司，在外形上简直就是四弦的吉他，而且琴颈上的琴格，可使弹奏者弹出准确的音准，因此，这款贝司就叫做精准贝司，1960 年，福德又推出新一款的电贝司，指板较窄、有两个拾音器、两个音量控制钮及一个音色调整钮，叫做福德贝司。在 20 世纪 70 年代，弗兰克及富的所制造的电贝司不论在音色的表现受到认同外，在市场上也几乎为这两家厂牌所瓜分。

电贝司主要有琴头、琴颈、琴箱、音弦、效果器、拾音器等部分组成（见图 5 - 13 和表 5 - 5），主要用于现代电声乐队中，作为整个乐队的低

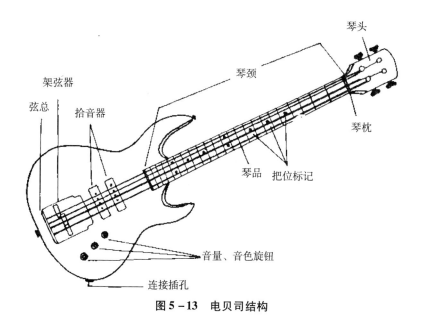

图 5 - 13　电贝司结构

表 5 - 5　　　　　　　　　　　电贝司零部件组成及功能

零部件	功能
琴颈	琴颈的功能在于支持弦的张力，必须光滑平直，不能向上向下弯曲。因为向下弯曲会使琴弦与指板距离过高，加重手指的负担。向上弯曲则会造成琴弦与指板距离过低，产生杂音
琴品	琴品是决定音准的重要条件。琴品与琴品间的距离应有正确的比例，如果不正确，则会导致音准的偏差
琴体	琴体由琴体、琴颈构成。整体和电吉他有些相像，结构上应合理且端正、对称
拾音麦克	电贝司采用电磁式拾音麦克，其音质方面则取决于琴弦的振动通过切割磁力线发声。设计师们为赢得音乐家的需求，制造出许多不同类型、风格的电贝司，包括爵士电贝司、摇滚电贝司等。拾音电路一般装有选择开关和相应的音调旋钮，为做不同音色、功能的演奏时使用

声音部，常使用分解和弦伴奏，在乐曲的经过句中，电贝司常奏出过渡性旋律，能大大丰富乐队的音色。电贝司类似于电吉他，从外形上看也同电吉他差不多，但只有四根弦，以电吉他的后四根弦低八度定音。

二、郁邬镇电声乐器产业区的变迁特点

郁邬乐器产业发端于 20 世纪 70 年代中期，最早的乐器厂建于 1972 年，主要生产二胡、笛子等民族乐器。在 1980 年，由于当时的乐器市场不景气，郁邬乐器厂转向文体用品的生产，乐器厂虽在，却形同虚设。直至 20 世纪 80 年代末期，镇政府所派的考察小组于一次机缘巧合，结识了看中中国市场的韩国客户，之后经过多番洽谈，与其合资成立了缪斯乐器公司，生产木吉他和电吉他。而后，受自主创业思潮的影响，后来镇里又创办了一家百灵乐器厂，与缪斯乐器公司共同组成了郁邬乐器产业的"孵化器"。到目前，郁邬的电声乐器生产企业和配件生产企业发展到 200 余家，其中 22 家有自营进出口权，2009 年产量达到 400 万把，产值 35 亿元。图 5 - 14 为郁邬镇乐器产业发展的变迁路程图。

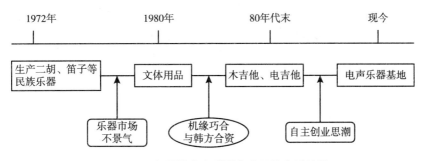

图 5 – 14 郎邨镇电声乐器产业区的变迁过程

1. 企业衍生的内部性

从企业的衍生情况来看，1972 年郎邨镇只有一家乐器制造厂，主要生产二胡、笛子等民族乐器。20 世纪 80 年代末，中韩合资成立了缪斯乐器公司，是当时郎邨镇唯一一家从事乐器生产制造的企业。1998 年，郎邨镇又创办了百灵乐器厂，这两大乐器制造厂成为郎邨乐器制造企业家和技术工人的"摇篮"。现在郎邨七成以上的乐器企业厂长、经理，都是从这两个企业走出来的技术、营销骨干。从 2000 年至今，经过十余年的发展，乐器制造企业由最初的 2 家发展到 73 家，产品更是由 2 大系列 30 个花色品种发展到 6 大系列 360 多个花色品种①。

郎邨产业区内的电声乐器制造企业规模普遍较小。规模较大的企业有 3 家——百灵乐器有限公司（年产乐器 15 万把，工人总数 280 余人）、惠好乐器有限公司（年产乐器 16 万把，工人总数 200 余人）、潍坊宏韵乐器有限公司（年产乐器 10 万把，工人总数 150 余人）。其余的大部分是小型企业（年产乐器 5 万把左右）。

2. 生产流程和工艺日益完善

20 世纪 80 年代末，韩方出技术、资金和设备，中方出厂房和劳动力，所以，那时的电声乐器制造无须过多考虑资金和技术，企业也以产品的简单组装加工为主。2000 年以后，郎邨镇内的乐器制造企业由 2 家演变成为

—————————

① 作者实地调研所得。

70余家，一些企业开始从全国各地采购零部件，然后装配成整琴销售。之后，产业区附近衍生了多家专业化零部件生产企业和零部件采购商。如今，制造企业间已经形成了标准化的乐器制造流程和工艺。

乐器的组装加工程序历经型材、琴体加工、琴头加工、打光、喷漆、抛光、组装、检测、包装9大步骤（见图5-15）。

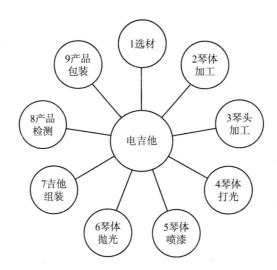

图5-15　电吉他的标准制造工艺和流程

3. 产业合作不断加强

产业区与区外知识源地有着密切的联系，郎郜镇电声乐器产业基地与山东各高校之间建立了学术联系。郎郜镇是山东大学艺术学院、山东师范大学艺术学院、山东艺术学院音乐学院实践教学基地，山东艺术学院音乐学院产学研结合基地。

产业区内的大小企业间、企业和政府间的联系也经历了从无到有的过程。一方面，区内企业之间有着密切的联系，主要体现在：一是产品零部件的供应。一些企业按照要求为其他企业生产和供应相关的生产零部件；二是订单的合作。一些企业接到较多的订单后，会将一部分订单分派给其他企业；三是企业家、技术人员之间的日常性的交流。但是在技术合作、营销合作等方面的联系缺乏。另一方面，地方政府与企业之间的联系也不断加强。郚鄌镇政府对乐器生产企业制定了一系列乐器产业发展优惠政策，从各方面都给投资者提供最优的服务。不仅为企业无偿提供土地使用权，协助新办企业办理所有工商注册、税务登记手续，镇政府还专门成立工业园办公室，协助企业联系业务，招商引资。

4. 技术创新依赖外部

郚鄌镇电声乐器制造企业的技术创新主要依赖于区外技术的引入，主要的技术引进源就是韩国。企业自身的技术创新不多，主要体现在产品的实用外形设计上的创新。此外，产业区内的企业间主要以垂直联系为主，向产业链的上下游方向延伸，而企业间的水平联系较少，缺少彼此间的交流学习。有些企业也意识到创新的重要性，目前郚鄌镇乐器产业协会正在研制电声二胡，希望通过技术嫁接实现民族乐器的创新。

三、郚鄌电声乐器产业区变迁的机理

1. 制度转型

在郚鄌电声乐器产业区的形成过程中，有三个重要的契机。

（1）1978 年实行的改革开放政策，昌乐乐器厂与韩国的权海龟合作创立了昌乐县缪斯乐器有限公司，与随后建立的镇办企业——昌乐百灵乐器厂一起，成为了郚鄌电声乐器产业的"孵化器"。

（2）百灵乐器厂在 1998 年正式改制为私营企业——昌乐百灵乐器有限公司，为郚鄌的电声乐器私营企业的发展奠定了基础。

（3）2000 年开始的市场经济体制转型。郚鄌电声乐器制造企业进入了快速衍生和壮大期，与越来越多的海外客户建立合作关系，实现了郚鄌电声乐器的跨越式发展。

2. 企业家精神

在郚鄌电声乐器的发展史中，是昌乐县东方乐器创始人李培臣先生最早把乐器生产企业带到郚鄌来。1991 年 7 月，一个偶然的机会，李培臣参加了青岛交易会，同一个韩国翻译交谈中得知，韩国有家乐器会社有意到山东投资搞乐器，李培臣立即行动起来，促成了这个项目的合作。1993年12月10日，李培臣顺利地拿到了营业执照，中韩合资山东缪斯乐器有限公司在昌乐开业。韩方出设备、技术和资金，中方出土地、厂房和劳动力，产品全部出口韩国，李培臣任中方代表副总经理。随着缪斯乐器有限公司的成立，原先的昌乐县乐器公司也完成了它的历史使命。缪斯乐器公司在短短的几年间开发多个吉他品种，数量亦在骤增。技术和实力吸引众多人才聚集，成为昌乐乐器发展的源头①。

3. 政府支持

郎部镇政府对乐器生产企业制定了一系列乐器产业发展优惠政策，从各方面都给投资者提供最优的服务。主要体现在以下几个方面。

（1）为企业无偿提供土地使用权。

（2）为企业作好开办服务。镇政府协助新办企业办理所有工商注册、税务登记手续。

（3）尽可能为企业正常生产经营活动创造有利条件。镇政府专门成立工业园办公室，帮助乐器生产企业解决用电、用水、用工等事宜，免费提供由政府投资安装的变压器的使用权以及外贸洽谈时接送客户的车辆等。

（4）协助企业联系业务。郎部镇领导亲自到宁波、余姚地区帮助企业联系业务，招商引资。

（5）贯彻"以人为本"，给予企业家和员工人文关怀。

四、郎部电声乐器产业区变迁中的问题

1. 缺少龙头企业的引领作用

乐器产业是郎部镇的支柱产业，近几年更是得到了长足的发展，但因为这些乐器厂基本都从小的手工作坊做大，经营者品牌意识不够强。郎部

---

① 资料来源于网络：http：//chl. smesd. gov. cn/news/news_view. asp？newsid = 1298.

镇现有乐器及其配件生产企业 73 家，规模较大的电声乐器制造厂家主要有惠好、百灵、宏韵等，这几家制造企业的生产规模差距不大（惠好乐器厂年产各类乐器 16 万把，百灵乐器厂现年产各类乐器 15 万把，宏韵乐器厂年产能力达到 10 万把），但作为龙头企业的引领作用发挥不够，在国际国内的影响不够。

2. 劳动力质量不高

郎部镇现有乐器产业从业人员 9200 余人，占全镇工业用工人数的 60% 左右。乐器制造业的发展不仅带动了区域经济的发展，而且使人民的生活水平有了很大程度的提高。对于农村的稳定，农村反哺城市有着重大的意义。像绝大多数的乡镇企业一样，郎部镇乐器制造企业的工人大多数来自于本地土生土长的农民。同一种语言，同一文化底蕴，有利于企业信息的传递和理解。但是本地农民工人的增多对企业的管理也提出了更大的挑战。农民工人在工作之余还要兼顾家庭和农业生产，不利于企业的统一管理和生产秩序的维护。特别是农忙时期，甚至会出现员工置企业订单于不顾回家搞生产的尴尬局面。另外，农民员工由于本身知识的局限性，给企业员工的培训和技能提高增加了难度。

3. 生产处于全球价值链低端

虽然郎部镇的电声乐器制造企业每年约生产 400 万把乐器，由于缺少自己的品牌，整个电声乐器制造行业的利润率却相当低。一些国外的琴行找郎部镇的乐器制造企业作 OEM 代加工，然后贴上自己的商标来出售，从中获取较大的利润。据美国首席营销官协会的数字统计，品牌厂商的平均产品毛利率为 27%，而 OEM 厂商的平均产品毛利率仅为 19%，两者之间在利润分配上仍存在着较大悬殊（夏鹏，孙辉，2007）。

4. 区域乐器文化氛围不足

郎部镇虽贵为"中国电声乐器产业基地"，但令人遗憾的是，在这电吉他唾手可得的小镇，却难得听到悠扬动听的吉他声。关于电吉他演奏的培训和演出更是甚少。特色文化不仅能促进该产业的发展，其本身也是一种生气勃勃的产业，如瑞士的钟表和法国的葡萄酒等，都将产业和文化很好地融为了一体。郿鄢不仅要出最好的电吉他和电贝司，还应出最好的琴童和优秀的演奏家。

第六节　山东郯城二胡产业区的变迁

一、郯城二胡产业区发展概况

在乐器中，二胡的构造比较简单，由琴头、琴筒、琴皮、琴杆、弦轴、千斤、琴弓和琴弦八个主要部分组成（见图 5 – 16）。除了这八个主要部分之外，二胡还包括琴马和琴托两个部分。琴马是琴弦与琴皮之间振动的媒介体，对发音有重要作用。琴托是琴身的底托，起着装饰、稳定琴身的作用。

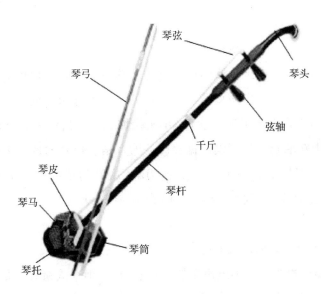

图 5 – 16　二胡构造

二胡各部分的具体功能见表5-6。

表5-6   二胡结构及相应材料

结构		材料	作用
琴筒	共鸣体	硬木（红木、紫檀木等）	通过弓的推拉运动，擦弦后振动琴皮发音；质地和形状对音量和音质有直接影响
		硬杂木（榉木等）	
	音窗	木料	对琴筒起了装饰作用；并对发音、传音和滤音有一定的好处
琴皮		蟒皮	是二胡重要的发音体，也是振源的关键，对音质和音量有着直接的影响；蟒皮为佳
		蛇皮	
琴杆		木料	又称担子，对整个二胡的振动和音色也很重要
琴头		木料	琴杆上端的装饰部分，不同造型丰富了二胡的款式
弦轴		木制轴	用以穿系琴弦
		机械轴	
千斤		棉线	千斤是琴弦振动发音的起点；材料的不同会影响到二胡的音色，例如南方的千金都用纯棉细线，出来的音色圆润、浑厚
		丝线	
琴弓	弓子	紫竹	琴弓是重要的发声工具
	马尾	马尾	
琴弦		丝线	丝线发音柔美，音量偏小，可用于独奏或重奏；钢丝音色明亮，音量较大，可用于齐奏或合奏，现在乐队中多用钢丝弦
		钢丝	
琴马		木料	截取有效弦长，把发音体琴弦的振动传导给共鸣体振动膜；其调节会使二胡的音色有不同
		竹料	
琴托		木料或其他	除增加演奏时的稳定性外，还有助于琴筒的振动共鸣

注：www. baidu. com；www. midchina. org.

我国的二胡产业已有数千年的发展，旧中国，民族乐器的制作以手工作坊和个体生产的形式存在，主要集中在沿海地区，如北京、上海、江苏、山东、广州等地。随着1956年手工业社会主义改造，全国的乐器生产手工作坊合并为全民或者集体所有制企业。20世纪90年代形成了北京、上海、苏州三大家为主的市场格局，占市场份额的70%以上。

目前，二胡产业主要分布在北京、上海、天津、河南、河北和江苏的苏州、无锡、扬州等地，有分布集中度高、规模差异性强、总体规模较小的特点。从二胡生产总量来看，基本稳定在年产20万件左右，并稳中有升。从二胡生产企业来看，我国二胡产业中大、中、小企业并存，其中大企业占据了绝大部分的市场份额。以 2004 ~ 2007 年全国二胡企业平均产量衡量，市场占有量 5% 以上的企业共 6 家，共占总产量的 78%，其中前两位的苏州民族乐器一厂和上海民族乐器一厂又分别占了 28% 和 25%，可见二胡产业集中度很高。①

郯城县位于山东省最南端。早在商代，少昊氏后裔即于此建立炎国，至春秋时期演化为郯国。秦置郯县、郯郡，汉改郯郡为东海郡，历为郡、县治所。隋唐几经废置，元时始称郯城县，其后为较为稳定的县级行政区。郯城县历史悠久、物产丰富，是中国杞柳之乡、中国银杏之乡。郯城县工业发展活力明显，现有恒通化工、鲁南纸业、安泰能源等数家规模以上企业，工业已形成了包括化工、造纸、机械、煤炭、建材、纺织、食品、印刷等行业的生产体系②。

郯城县文化底蕴丰富，是春秋时期郯子的家乡（有资料记载郯子为孔子的老师），同时著名的历史典故"孔子师郯子"也发生在这里。郯城同时也是中国结艺术品之乡，郯城中国结的特点是每件作品从头到尾都是用一根丝线编结而成，每一个基本结又根据其形、意命名。如"吉庆有余"、"福寿双全"、"双喜临门"、"吉祥如意"、"一路顺风"等，都表示热烈浓郁的美好祝福。在戏剧方面，戏剧文化源远流长，传统戏剧"柳琴戏"就起源于郯城县。

郯城县被称为中国民族乐器之乡。在郯城县现有的民族乐器制造企业中，数量最多也最具代表性的就是二胡。在庙山镇岳庄村③的一百余户人家，有 80 多家从事二胡制造业。

二、郯城二胡产业区变迁特点

1. 企业数量不断增多

据不完全统计，自从 20 世纪 30 ~ 40 年代第一家二胡制作厂在郯城落

---

① 资料来源于：《中国乐器年鉴 2004》、《中国乐器年鉴 2005》、《中国乐器年鉴 2006》、《中国乐器年鉴 2007》。
② 百度百科：郯城. http：//baike. baidu. com/view/28814. htm.
③ 岳庄村 2011 年 11 月后改称为乐泉村。在下文仍称岳庄村。

地生根，发展到现在，形成以岳庄村为中心，辐射周围 6 个村 300 余户加工二胡。现年加工二胡等乐器 10 万余把，成为中国江北最大的二胡加工生产基地①。

2. 从无牌向品牌发展

在长期的无牌和贴牌生产过程中，一些企业注意到品牌的重要性，开始注册品牌商标，目前已经注册的品牌约有几十个，但是由于各企业的经济实力和经营方向不同，二胡品牌的知名度参差不齐。比较知名的有乐泉、鲁杰等国内知名品牌，但数量较少。

3. 产业链逐渐延伸

郯城二胡产业区围绕二胡等民族乐器的生产制造，相关企业展开了分工协作。二胡的生产制造、配件的生产制造一系列不同但又相互联系的增值活动包括：研究、设计、试制、原料选购、生产制作、运输、销售及售后服务等环节，这些环节形成一个完整的链状结构（见图 5 – 17）。但是在各个环节发展水平存在差异，比如在研究和设计上，力量明显不足，导致产品创新缓慢。

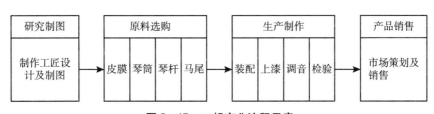

图 5 – 17　二胡产业流程示意

三、郯城二胡产业区变迁动因

1. 历史偶然性

庙山镇岳庄村高永贵和高振保父子是郯城地区最早开始二胡制作的民间艺人之一。早年郯城闹饥荒，高永贵逃荒到江苏地区，在那里追随师傅

---

① 庙山镇金农网：庙山镇简介．http：//www. agri. com. cn/town/371322109000. htm.

学习二胡等民族乐器的制作工艺，回到郯城后，将手艺传了下来。并由此为起始，发展了当地的二胡制造产业。

20 世纪 20、30 年代，庙山镇连年灾荒，高振保的父亲高永贵逃荒时在南京遇到了金凤仪，便跟随金凤仪学手艺，学会了二胡、笛子等简单乐器的制作，靠它养家糊口，一家人熬到了全国解放。"父亲那一辈走街串户，最初流落江南，背上几把二胡等乐器，又卖又唱，纯粹是一种谋生手段。但那时二胡也买不起，就学着自己制作，用南方的竹子制成简单的乐器，长期的流浪中跟'同行'学会了制作手艺，但那时的品种少，价格低，做工也不精。"由于父辈的影响，高振保对二胡产生了浓厚的兴趣，"父亲在世时，经常拉瞎子阿炳那首'二泉映月'，每次听到这首低沉悲怆、如怨如诉的曲子，我就不由地想起父亲所受的苦难，忍不住掉眼泪。"20 世纪初，高振保从父亲那里学得了制作二胡的手艺，便开始在手工作坊制作二胡进行销售，"我十三四岁就跟父亲学手艺。20 世纪六七十年代，割资本主义尾巴，我们不敢明着做，只有晚上关上门偷偷摸摸地做，将做好的二胡、笛子等藏在玉米秸中、被窝里、床底下，早上天不亮像做贼似的背上几把琴去卖。"村里、公社先后办起了乐器厂，高永贵一直是厂里的技术骨干，带起了一批批徒弟，不过由于环境不好，乐器厂最终倒闭了。改革开放后，政策发生了改变，镇政府支持二胡制造，由于收益好，周围邻居也跟着高永贵、高振保父子学做二胡。"我曾经带过 30 多个徒弟，学会后都自己回家制作去了，全村大部分人都是我带起来的。"

（资料来源：华音网：胡琴世家听心声。http://news.huain.com/html/2002/12/10/news_7219.html）

2. 能人示范

高振保的父亲高永贵是郯城乐器制作的老牌专家，他制作的乐器工艺精湛，在圈内十分有名，许多专家及乐器爱好者都慕名来购买。高振保不仅继承了父亲精湛的工艺，而且不断研究深造，研究出更美观、实用、经久耐磨的乐器产品。在高家父子的带动下，郯城县岳山庙镇有越来越多的人开始乐器制作及销售，形成了今天产业集聚的格局。

3. 政策扶持

产业区是一个地域性的综合体组织，镶嵌在当地的社会经济网络之中，其发展离不开政府相关部门的联合行动、共同调整与制定经济策略。政府能提供有效的公共服务，与产业区共同制定促进产业区发展的远景与战略规划。郯城县二胡产业的起飞始于改革开放，政府把当地的二胡制造产业定位为文化产业，制定一系列的政策发展二胡产业。庙山镇政府还提供信息支持，使用远程教育设备发展经济，村民可以通过在远程教育设备获取信息，足不出户就了解市场动态[1]，进行网络销售；同时定期对制作工匠进行学习培训。

四、郯城二胡产业区存在问题

1. 技术专家面临断层

二胡的制作完全依靠人工进行，需要砍、锯、刨、铲、削、锉、镂、钻、铰、磨、光等200多道工序，因此工匠的技术尤为重要。郯城现有二胡制作从业人员1200余人[2]，但都是本地农民通过师傅带徒弟的形式进行简单学习就上手制作的，少有经过专门培训的人才。随着老一代二胡制造师高振保、张庆瑞、李征春等人的年龄增大，郯城的二胡制作人才面临断层的局面。

2. 传统家族管理

郯城二胡产业区的大多数企业由于规模较小，基本停留在家族式管理经营阶段，外来人才较难融入。企业缺少高素质的管理人才和现代化管理模式，会影响企业的长远发展。

---

① 郯城县庙山镇致富信息．农民网吧．http：//www. linyi. gov. cn/20060404/article/2008 – 06/48770. htm.

② 郯城：探访江北民俗乐器第一镇．http：//www. lyxcw. gov. cn/NewsShow. asp？NewsID = 12515.

3. 整体实力不强

尽管郯城二胡生产已经初具规模，产品在国内市场上占据较大份额，但整体实力并不强。国内生产二胡的产业区众多，北京、天津、江苏都有二胡生产，其中江苏无锡的梅村在 2011 年被授予"二胡工艺之乡"。这些地区都是郯城二胡产业区的竞争对手。

第七节　浙江余杭中泰乡竹笛产业区的变迁

一、中泰乡竹笛产业区发展概况

浙江余杭中泰乡位于杭州市西郊，距杭州市市中心 25 公里，区域面积 70.13 平方公里，辖 10 个村、2 个社区，总人口 24400 多人。中泰乡属于半山区，森林覆盖率达 66.3%，山绿水清，自然生态环境良好，人文景观丰富，是著名的"苦竹之乡"。苦竹又称笛竹，其竹竿通直、节间长，是制作笛、箫、笙等民族管乐器的上等材料。中泰乡凭着"得天独厚的竹笛资源优势，其竹笛产业在我国乐器行业中特色明显，处于突出地位，普及和专业产品种类齐全，产业发展稳定，已形成包括苦竹种植、竹笛加工、配件生产、产品销售、音乐教育等为一体的具有一定规模的产业体系"[1]。经过近 30 年的发展，中泰目前共有竹笛生产厂家、配套企业近130 家，从业人员 1500 多人，竹笛产量占全球的 80%，年产值达 7000 余万元[2]。

笛子因表现力丰富、音色独特，除独奏和伴奏之外，还可以与其他乐器重奏及合奏，在各种演奏形式中往往担任奏主旋律的任务而广受欢迎。

---

① 笛友之家．"中国竹笛之乡"专家组评审意见［EB/OL］．http：//cndizi. globalmi. com/news/detail. php？no＝155086，2011－6－20.

② 中国乐器信息网．"中国竹笛之乡"申报汇报会在京举行［EB/OL］．http：//www. cmii. com. cn/c/cn/news/2011－04/02/news_4266. html.

至今考古已在浙江河姆渡、河南舞阳县、湖北随县等地出土了笛子（见图5－18）。按考古发现的推算，中国笛子的历史在八千年以上。历史上，笛子的制作材料用过玉石、兽骨、象牙、硬木和铜管等材料。但在距今约4000多年前的黄帝时期，黄河流域的气候属于全新世气候最宜期。《梦溪笔谈》、《史记》、《逸周书》等都记载当时在黄河流域生长着大量竹子（王建华，2003）。由于竹子的选材方便、振动性好、发音清脆、便于加工等特点，从那时开始竹子便被选为制作笛子材料。现在人们提到的笛子通常指的是竹笛。目前制作竹笛的厂家主要分布在江苏苏州、贵州玉屏和浙江余杭中泰乡等地。

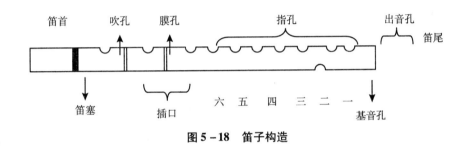

图5－18　笛子构造

历史上唐宋元明清历代王朝都喜欢用中泰乡的苦竹制成宫廷御笛。据史料记载，自明洪武年间起，中泰人就用中泰特有的制笛材料苦竹制成御笛朝贡。宋代诗人范成大游余杭天柱峰时曾作诗句"疆场决胜飞鸣镝，诗话文章赖尔传"赞美中泰竹笛，但竹笛制作的技术在中泰乡却没有完好地流传下来。

竹笛的制作工序总计有70多道，主要的有9道，分别是：初选材；落段、分料入库；选料；撬竹、刮皮、选材；分调门；打吹孔、定音、打六孔；塞木、接洞、接老头、镶骨；手工打磨、上漆、扎线、雕刻；检验包装，见图5－19。

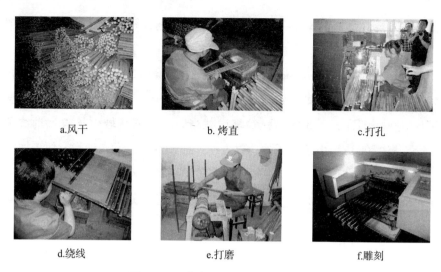

a.风干   b. 烤直   c.打孔

d.绕线   e.打磨   f.雕刻

图 5 - 19   中泰乡竹笛生产部分工艺

二、中泰乡竹笛产业区变迁特点

1. 经营方式转变：卖竹走向制笛、文化营销

1985 年以前，中泰乡虽有丰富的苦竹资源，达 2.3 万亩，但是当时村民们都只会用苦竹做成拐杖、扁担、簸笼等日常用品，赚钱略多的苦竹笋也因味苦不能食用而难以卖售。村民们通常是把苦竹打碎后，用作纸浆糊或者烧火，苦竹的经济价值很难体现出来，村民们口袋也一直是瘪瘪的。1985 年以后，村民们学会了制笛技巧。制笛、卖笛给农民们带来了良好的经济效益。近些年来，村民开始认识到竹笛文化营销的重要性，竹笛文化营销也逐渐在中泰乡蔓延开来。

2. 企业数量的转变：制笛企业数量稳增

从 1985 年前的没有制笛企业，到 1985 年的第一家制笛企业，由于当地村民认识到制笛带来的经济效益，近三十年来，中泰乡制笛企业的数量呈稳步增长趋势。在制笛企业稳步发展的同时，中泰乡也逐渐出现了一些制笛的配套企业，如一些生产铜套、牛角、笛盒、箱包等零配件企业，产业链各环节日趋完善。

3. 产业区文化氛围变浓

在注重乐器制造的同时，中泰乡也注重产业区内竹笛文化氛围的营造。中泰乡中心小学把竹笛教学纳入学生的必修课，并编撰了乡土教材《竹乡笛韵》，并成立了千笛合奏团。另外，中泰乡还与上海中华笛文化研究所联合，建立了竹笛演奏培训基地，意在把竹笛吹奏技术和竹笛文化深深植入年青一代的大脑。

4. 多产业联动

中泰乡在竹笛产业发展的过程中，逐渐摸索出了一套适合中泰乡竹笛产业发展的全新的产业模式，即"多产联动"模式。中泰乡政府将农业——苦竹开发、工业——乐器制造和服务业——生态旅游业紧密结合起来，以农业、工业的发展扩大影响力带动当地生态旅游业的发展，再以生态旅游业的发展反哺农业和工业。

三、中泰乡竹笛产业区变迁因素

1. 历史偶然性

北京大学王缉慈教授在她的《超越集群：中国产业集群的理论探索》中提到，某种自然因素会促使某一产业活动在本地的形成，某一历史事件也可能会成为产业区的起源。当某地因偶然性因素而产生了第一家关键性企业，并因被模仿而出现新创企业，一旦同类或类似或相关的几家企业共栖并达到了一定数目时，某产业区的雏形就形成了（王缉慈，2010）。中泰乡竹笛产业区的形成具有一定的历史偶然性。

1984年，上海民族乐器厂笛箫制作师周林生赴铜岭桥村①采竹。正值冬至前后，大雪披竹，寒风凛冽。周林生说："为名家制笛，当万里选一。冬至的竹质硬，不易被虫蛀，用3年左右的竹的近根部竹节制笛最佳。"周林生在林坡上艰难地寻寻觅觅，也许只注意了竹而没有提防脚下的滑石，不小心被绊了一下，他从山崖上滚了下来，三根肋骨跌断，疼痛万

---

① 铜岭桥村是中泰乡的一个村，现已改名为紫荆村。中泰乡的制笛企业主要分布在这个村。

分。天色昏暗，人迹罕至，密密竹林，风啸雪紧。正当周林生叫天天不应，呼地地不灵时，村长董仲彬出现在他的眼前。周林生被背回了村长家养伤。当山民们得知上海客人摔伤的消息后，他们自发地拿来了鸡蛋、菌菇等东西，有的还端来了鸡汤。他乡遇亲人，淳厚的民风，朴实的山民，周林生流泪了。于是他主动向村长提出，依托原料优势，自己提供技术信息，就地制作笛箫，尽快让山民们发家致富。

（竹笛之乡的"制笛之父". http：//news. sina. com. cn/o/2005 – 07 – 14/04226428411s. shtml，2005 – 7 – 14.）

在周林生的帮助下，村里的第一家笛箫社——"灵声"笛箫社很快成立了。1985 年 5 月 1 日，在铜岭桥村的一个破旧的仓库里，周林生第一次向村民传授制笛技艺。同年，铜岭桥村农民在周林生的支持和指导下，创办了第一个村办企业"铜岭桥工艺竹器厂"。周林生的一次摔跤，摔出了中泰乡的制笛产业，摔来了铜岭桥村的财富。如果没有周林生的那一次失足，或许中泰乡的制笛产业到现在还不见雏形。可见，偶然性因素是中泰乡制笛产业的启动的关键因素。

2. 村民的共同愿景

制作笛箫的竹子要求竹竿直、节间长，苦竹、紫竹、淡竹、凤眼竹、湘妃竹、梅螺竹等都适宜制作笛箫，但以苦竹和紫竹最为常见，其中笛子绝大部分是采用苦竹制作。中泰乡的苦竹品种优良，种植面积 2.8 万亩，蓄积量达 5 万余吨，年产值 450 余万吨。中泰乡创建有全国唯一的"苦竹种质资源库"，是浙江省内唯一一个苦竹集中连片分布地区，是国家级苦竹定向培育标准化示范区。

1985 年以前，村民们虽知道家乡的苦竹是制笛的好料，但是由于制笛技术失传，一直没能找到制笛好手，面对大片的苦竹林村民们很无奈。一边是占地面积庞大的苦竹资源，一边是苦于不能挖掘苦竹经济价值的村民们内心的焦虑心情，两者强大的对比和心理落差，让每一个铜岭桥村村民们心中有一个强烈的共同愿望：改变苦竹的利用模式，做成竹笛，早日致富。1984 年制笛师周林生在铜岭桥村山上采竹时的摔跤，给村民们愿景的实现带来了机遇。

3. 制度转型

我国乐器产业区的变迁深受我国经济体制改革的影响。1984 年以前，我国的经济体制是小农经济体制，人们过着自给自足的生活，而且由于生活水平低，乐器的需求自然就很低，那时中泰乡的农民面对大门口的竹林并没有产生太多开发竹林并制作成竹笛的想法。而到了 1984 ~ 1992 年，我国的经济体制是计划经济体制。由于国家对竹笛乐器的需要，在这一期间，铜岭桥村出现了第一家村办企业——铜岭桥工艺竹器厂，这家企业是村集体的集体企业。1992 年至今，我国的经济体制是社会主义的市场经济体制，劳动人民渴望创业的激情被点燃，民营经济迅速崛起。这一期间，人们的生活水平提高了，对乐器的需求也迅速扩大。铜岭桥的竹笛企业就是在 1992 年之后发展开来的。

4. 政府支持

铜岭桥村的制笛产业发展以来，当地政府一直关注着竹笛产业的发展。在当地政府的支持下，中泰苦竹业协会、全球乐器网相继成立，至 2010 年中泰乡共举办 7 次全国性驻地艺术夏令营活动，扩大了中泰竹笛的影响力。2010 年，中泰乡政府审时度势地做了《余杭区中泰乡竹笛产业发展总体规划（2011 ~ 2015 年)》，使得竹笛产业的发展更加充满活力。

四、中泰乡竹笛产业区存在问题

1. 原材料面临供给不足的困境

中泰乡山地资源丰富，当地的土壤、气候等适宜生长制作笛子的苦竹。一直以来，原材料丰富是中泰乡竹笛产业得以发展并壮大的自然资源基础。但是近年来，产业区的企业数量迅速增多，再加上国内、国际市场对竹笛乐器的需求量一直稳中有升。而中泰乡苦竹的种植面积有限，而且并不是每根苦竹都能被选来做竹笛，这就造成了竹笛制作原材料的供给不足的困境。对中泰乡竹笛产业的发展提出了严峻的考验。

2. 产业区内存在恶性竞争

一般来讲，竹笛的分销市场主要可分为一般普通的"玩具型"竹笛、中端的"学习型"竹笛和高端的"演奏专业型"竹笛。除了一般的"玩具型"竹笛外，中端型和高端型笛子均对质量有一定的要求。目前，中泰乡的竹笛生产基本采用手工制作，很多环节完全依靠技师的经验积累。比如，竹笛的打孔问题。由于竹子的粗细不一，在竹笛上打空的间距也不一样，具体是多少，全凭师傅的经验。还有竹的定调如 C 调或 D 调等也是要凭经验和感觉。而这些又是竹笛产品质量的关键。一些新成立的竹笛企业很难招到有丰富经验的技师，因此产品的质量难以保证，导致了产品质量高低不一。

在利益驱动下，中泰乡越来越多的人加入到竹笛制造行业。而新加入的企业，往往只掌握了较原始的生产方式，无论是从产品质量，还是制笛效率都低于早先成立的那些大厂。因此，一些规模较小的企业选择低价销售，而区内其他企业迫于生存压力也只能降价，导致了产品的低价竞争。

3. 企业规模偏小

中泰乡的竹笛企业中不少是家庭作坊式的，村民们制作笛子只是当做一份普通工作，因此不少企业（以家庭作坊式的"企业"为主）并没有谋求长远发展的打算。加上产业区内存在恶性竞争情况，更加使得原本那些想要发展的企业陷于"价格竞争"谋求生存难以做出长远发展的规划而只能保持现状——小规模运作。

4. 品牌效益不够明显

品牌作为文化资源的组成部分，提升商品文化内涵和提高商品无形使用价值的重要形式，近年来尤其受到政府和企业家的重视。目前中泰乡的竹笛一部分品牌影响力较大，但是大部分企业生产的竹笛品牌效应不明显，产品在整个行业中的影响作用有限，市场占有率受到影响。

第八节　北京东高村镇提琴产业区的变迁

一、东高村镇提琴产业区发展概况

提起北京市东北部的平谷区，很多人知道那儿是桃子之乡，拥有载入吉尼斯世界纪录的 22 万亩桃园。然而，就在这桃花盛开的地方，还有一片鲜为人知的土地，每年生产着占世界份额 1/3 的小提琴。这儿就是平谷区的东高村镇。在这儿，一边是面朝黄土背朝天的农民；另一边是在所有西洋乐器中有如公主般华贵高雅的小提琴。

"是的，这很令人惊奇，无论如何也不能相信这么出色的小提琴竟然出自农民之手。"

——西班牙克斯欧弦乐团团长卡洛斯

小提琴是西洋乐器，诞生于 16 世纪意大利的克雷莫纳镇，19 世纪末才传到中国。在中国，有"北东高，南溪桥"的说法，指的是一南一北两个提琴生产基地，"北东高"就是北京平谷区的东高村镇。然而东高村镇不像意大利的克雷莫纳镇那样，有着悠久的西洋音乐传统，可以说是镇上能拉小提琴的村民没几个，那么如此精细高雅的提琴制造业为何能在这个农业大镇兴起、并发展成为支柱产业呢？

东高村镇是地处北京市东北部，位于泉水山下的一个村镇，镇域面积56 平方公里，是平谷区工业强镇之一。其支柱产业包括服装毛织、机械制造、乐器生产、建筑房地产等。重点企业有北京华东乐器有限公司、北京长安乐器有限公司、北京双喜乐器有限公司、北京千秋业乐器有限公司、北京艺苑乐器有限公司、北京海奥拉齐乐器有限公司等。其中北京华东乐器有限公司是中国乐器协会的常务理事单位。东高村镇有"提琴之乡"之称，生产能力仅次于泰兴溪桥镇，居于第二位。2009 年 12 月 16 日中国轻工业联合会和中国乐器协会授予平谷区东高村镇"中国提琴产业基地"的称号[①]。

二、东高村镇提琴产业区变迁特点

1. 生产规模不断扩大

从 20 世纪 80 年代纯手工作坊生产开始，平谷区东高村镇开始发展提

---

① 肖红丽. 2009 年我国乐器行业产业集群发展情况. http：//www. cnstrad. com/html/tiqinzhi-zuo/xiangguanzixun/2010/0317/250. html.

琴等乐器产业，年产提琴 30 余万把，约占世界 30% 的份额。单是华东乐器有限公司，每年生产的小提琴量就达到 20 余万把，占全世界销量的 25%。目前已形成以北京华东乐器有限公司为龙头，以长安乐器、千秋业乐器、艺苑乐器、双喜乐器、鸿生韵乐器等 20 余家企业为骨干，配件生产农户 150 余户，企业资产总额达到 2.5 亿元，占全镇工业资产比重的 20%。从事乐器产销人员达到 3000 人，占本镇劳动力总数近 1/5①。可生产大提琴、小提琴、电子小提琴、电子大提琴、贝司、铜管乐、打击乐、二胡、吉他、箱包十大类 30 余个品种，产品主要销售欧、亚、美、澳四大洲 40 多个国家和地区。

2. 产业间联系加强

2000 年东高村镇提出将提琴产业延伸，建设"乐器之乡"。如今，东高村镇业已形成较为完整的提琴产业链。北京市平谷区已将东高村提琴产业发展纳入市区文化创业规划，并投入资金建造"乐器文化产业园区"，"提琴文化体验馆"（已建成）。同时，音乐培训学校、乐器展览中心、音乐厅等项目也在建设中。东高村镇的提琴产业正在向集生产、经营、研发、消费、展览、教育培训、音乐推动、观光旅游为一体的方向发展。

3. 创意工业园区的建设

目前，东高村镇提琴产业已纳入北京市重点文化创意产业发展规划，开始规划建设"北京文化产业创业基地"，拟建成全国一流的集乐器生产、研发、消费、展览、教育和旅游为一体的文化艺术交流中心。

三、东高村镇提琴产业区变迁动因

1. 龙头企业的带动

在东高村镇提琴产业区的形成过程中，华东乐器有限公司起着领头作用。现在多数提琴企业都是从当地的提琴生产龙头企业、占地 40 多亩的华东乐器有限公司，以及长安、艺苑乐器有限公司这三家"土生土长"的

---

① 张晓东，冯秀英. 东高村的梦想与现实. 区域经济周刊. 2011－09－05. http：//www. bbtnews. com. cn/news/2011－09/0500000028215. shtml.

乐器企业分化出来，并逐步发展起来的。华东乐器的壮大，带动了木料加工、松香、微调、琴弦、箱包等一系列提琴上下游配件企业，还促成了其他琴厂的诞生。

20年前，华东乐器有限公司的董事长刘云东还是镇政府的一名会计。他经过统计调查发现北京的提琴需求量非常大，但是京城琴行里的琴大都是国外进口的，鲜有自产的提琴。于是，他就有了自己制造提琴的念头……

1986年，东高村党委找到了当时在制琴业小有名气的东高村民宋茂林，希望他回乡投资建厂。因为摸不准时机，宋茂林婉言谢绝了，但接受了刘云东和刘建立——两个村里派来学制琴的年轻人。两年后，学成归来的刘云东和刘建立一次性贷款20万元，在政府帮助下建起了平谷新星提琴厂（后更名为华东乐器有限公司）。小厂初创时只有7位师傅和5间厂房，技术水平和设备条件很差。为了提高制琴技术，刘云东三顾茅庐，找到北京星海提琴厂的制琴大师戴洪祥求教。或许是小伙子的执著打动了戴洪祥，他亲自指点制琴工艺，终于使刘云东的第一批订单顺利完成，也为厂子培养出了第一拨技术骨干。1992年，北京和天津有两家生产乐品的国有企业因经营不善相继倒闭，东高村制琴企业乘机承接了不少海外订单，提琴产业迅速发展，大小提琴厂和小作坊如雨后春笋。

（资料来源：孙涛，武萌．揭秘北京提琴村．《南方都市报》，2009－8－23）

---

2. 政策支持

为促进乐器产业的快速发展，地方政府在政策上给予了支持，表现在：营造宽松发展环境、鼓励企业自主创新、对外广泛招商引资、组织企业开拓市场和公共服务平台建设等方面。1995年开始，东高村镇政府把提琴制造作为重点产业来扶持，制定了引导农民进入该行业的支持和鼓励措施，如出资对农民进行提琴制作培训、对从事提琴制作的工人进行免费体检等。最近，平谷区政府提出开建中国音乐产业集聚区，打造一个全世界音乐人向往的"中国乐谷"，这一建设计划已写进了区政府的"十二五"规划。

四、东高村镇提琴产业区存在的问题

1. 多数企业面临"用工荒"

东高村提琴产业区内不少企业存在工人短缺的问题。有不少企业家抱怨"订单都不敢接了"。

东高村镇南埝头村的一名49岁的村民耿国生最近有些忧虑，他苦心经营20多年的提琴制造作坊正面临缺少员工的困境——已工作多年的员工被周围同行高薪挖走了。"每月两千多元工资还留不住人，订单都不敢接了。"耿国生说，"从今年年初开始，就陆续有人离开，小作坊从起初的十名员工到现在只剩下五人，其中还包括自己和妻子、儿子。"在对北京艺声苑乐器公司秦长立董事长采访的过程中，他也道出同样遇到工人短缺的问题，并指出由于本地工人不好管理，工人较多来源外地，因而更加放大了"留工困难"的问题。在占地56平方公里的东高村镇，像耿国生这样的制琴作坊有150余家。此外，镇上还有九家规模以上的提琴制造厂，其中建厂时间最长、规模最大的是华东乐器制造公司，多数企业都面临着工人短缺的问题。

（资料来源：北京平谷：提琴产业基地打造"中国乐谷"。新华网北京频道，2011-04-15）

---

2. 生产处于低端环节

尽管全世界提琴产量的1/4来自于东高村，但是全球最有名的提琴品牌不在这里。东高村提琴大量进行贴牌生产，国际买家控制着营销渠道，东高村被锁定在低端的生产制造环节，只能赚取低廉的加工费用。据调查，近年来，由于企业成本上升，企业利润从以前的20%~30%的利润降到3%左右[①]。据了解，镇内的一家企业小提琴生产全部采用全手工工艺，制作流程精细复杂，技术含量高，产品质量完全可以与世界知名的同类产

---

① 平谷东高村：奏响提琴经济协奏曲，2008-09-19. http：//www. bjpg. gov. cn/tqcy/content/nr. jsp？id=4028e4922f5adb46012f5e2fd8a4000e&code=zww07_tqcy_xgxx.

品媲美，但是由于没有自主品牌，在销往世界各地时，85％的提琴都是以贴牌的方式出口，赚取的是微薄的贴牌加工费。

3. 人才"瓶颈"

在提琴制作人才的培养上，东高村镇除了断断续续给农民做过音乐培训外，制琴技艺大多数是师傅带徒弟的"传帮带"形式。华东乐器的一名负责人说，现在好的琴师多在50岁以上，他们退休了以后可能会出现一个人才断层。

参考文献

［1］Sacconi L. The Social Contract Of the Firm. Economics，Ethics and Organization，Series：Studies in Economic Ethics and Philosophy. Berlin：Springer Verlag，2000.

［2］顾新，李久平，冯结. 学习型区域：区域经济发展的新模式［J］. 经济理论与经济管理，2003（4）：64 – 67.

［3］王缉慈. 超越集群：中国产业集群的理论探索［M］. 北京：科学出版社. 2010.

［4］王建华. 笛子的发展历史及其特色［J］. 黄河之声，2003（3）：29.

［5］夏燕. 洛舍钢琴传奇［J］. 观察与思考，2010，（10）：40 – 41.

［6］夏鹏，孙辉. 小提琴产业集聚问题研究与对策——以泰兴小提琴为例［J］. 企业科技与发展，2007（16）：21 – 25.

集群合作行动：浙江洛舍钢琴产业区案例

第一节 产业集群合作行动目标

一、概念与分类

合作行动（joint action），其所指代的意义不同于博弈论中所指的"合作（co-operation）"。在博弈论中，合作通常指的是相互不欺骗。产业集群中的合作行动（collective action）指产业集群中的相关主体为了增进产业公共利益而主动进行的集体行动（林涛，2010）。斯米茨（Schmitz，2011）把企业间的合作分成四类，即水平双边合作（共用机器设备等）、水平多边合作（行业协会等）、垂直双边合作（生产商和客商合作改进产品）和垂直多边合作（本地价值链联盟）。因本地企业间双边和多边合作的存在，本书所指代的合作行动相对应的英文名为 joint action（包括双边和多边合作），其在指代范围上大于 collective action①，但中文均用"合作行动"。需要强调的是，概念中的集体行动、共同行动并非一拥而上，而是围绕某个共同的目标有计划、有目的的分工合作行动。行为主体的合作行动在于形成一股合力加强配合以使得产业集群良性发展。

对产业集群合作行动开展研究经历了一个历史性的过程。这里借用弗洛伊德精神分析中对意识分类为本我、自我和超我的方法，按照大致的时间顺序，将研究者对于产业集群合作行动的研究分为三个过程：潜意识层的研究、意识层的研究和理论层次的研究。对产业集群合作行动在潜意识层的研究，是指在研究者对于产业区（或产业集群）的研究文献中，可以看出一些产业集群合作行动的影子，但是研究者没有明确提出产业集群合作行动概念的研究。而意识层的研究则在于已经认识到产业集群中合作行动的存在和其重要性但没有上升到理论的高度。理论层的研究则是已经认识到产业集群中合作行动的存在并将其上升到理论的高度。

（一）"潜意识层"的产业集群合作行动研究

对产业集群的进行理论研究最早可以追溯到马歇尔的"产业区理论"。马歇尔在研究英国的工业时发现，许多类似的中小企业集聚在某一特定的区域能够产生经济上稳定发展的效果。进一步发现，那些特定区域中的中小企业存在本地企业之间的劳动分工，并共用着基础设施，如交通、电力、能源管道等。为了解释特定区域的影响和中小企业在此地区如何变得有效率和具有竞争力，马歇尔（Marshall，1920）引入了"外部经济"的概念，区分了内部经济和外部经济，并将中小企业集聚的特定区域称作"产业区"。马歇尔式产业区具有六大特征：（1）具有与本区域类似的价值观念和共同创新的环境；（2）本地集聚的企业间存在垂直联系；（3）人力资源优化配置；（4）市场不完全竞争；（5）竞争与合作共存；（6）本地信用系统。虽然马

---

① Collective，译为"集体"。一般"集体"中包含的单位数量在三个以上。如果用 collective action，就排除了双边合作。

歇尔所称的产业区中存在的"外部经济"也并非是在相关主体有意识地努力后直接获得的，而是在无意中或者在偶然中获得的。但是这些企业在地理上集中的"产业区"具有共同创新的环境、辅助型工业和专业技术人才的供给等特征，不可否认，"马歇尔式的产业区"中的中小企业也存在着大量有意识的共同行动。

从某种程度上讲，辅助性企业、劳动力市场向产业区靠近均可视为产业集群的合作行动。这种合作行动不同于"死拉硬扯"的政府规划的"合作"，而是完全基于本地需求和合作本身可为行动主体带来可期待的收益的基础之上的。

(二)"意识层"的产业集群合作行动研究

1. "新产业区"学派[①]

20 世纪 70、80 年代，当经济危机席卷西方国家的时候，美国的硅谷、意大利的中部和东北部地区、德国和法国的一些地区的快速发展引起了人们的高度关注。人们发现，这些地区很多都是由中小企业集聚而成，这些企业之间存在着水平、垂直的产业联系和非产业上的联系，并且既存在竞争也存在合作。似乎是这种灵活运作的本地网络促使着当地经济的快速发展。为区别与马歇尔式产业区，人们称之为"新产业区"。其概念由别卡提尼（Bacattini）于 1978 年首次提出："新产业区是具有共同社会背景的人和企业在一定自然地域上形成的社会地域生产综合体"，他指出劳动分工是产业区的经济特点，并且企业间的互动受当地社会文化支撑。"第三意大利"是新产业区学派的学者们广为例证的新产业区。该学派皮埃尔（Piore）和赛伯（Sabel）认为，"第三意大利"成功发展的原因在于其具有柔性专业化（也译成"弹性专精"）并且嵌入于当地的社会文化环境的特点。产业集群的柔性专业化特点得益于计算机辅助设计和制造（CAD/CAM）与具有弹性的加工系统等技术发展后的大企业垂直分离，体现了小

---

① 本节中的学派分类参考林涛《产业集群合作行动》著作。

企业各自专业化和相互合作带来的极大优势。新产业区学派还从现实实践中对产业区中行为主体进行了考察，认为在新古典经济学中的经济人假设并不符合产业集群的实际。该学派认为，产业集群中需要通过共同的非经济的制度安排，去建立信任以产生持续的合作（Harrison，1992）。该学派十分强调地方文化和历史背景，也即产业区内企业共同的社会、文化、历史和制度基础，对产业区内柔性专业化发展起到了重要的作用。

不难发现，新产业区学派的有关研究已经充分认识到基于本地文化的地方相关企业之间的持续性合作的重要性，而正是这样的合作促成了柔性专业化的发展。但是从合作的操作层面上来看，新产业区学派并未能给出如何建立信任、如何增进产业区中的各种联系等重要的行动方案。因此，新产业区学派的研究很大程度上只适用于解释产业集群的成功或郁郁不振的原因，而很难给予处于发展过程中的产业集群真正的指导。

2. 加利福尼亚学派

加利福尼亚学派，也被称为"新的产业空间"学派，其代表着美洲对新产业区研究的传统观点。与新产业区学派的观点不同，他们认为产业集群的集聚和制度因素可以降低集群内的交易费用。20 世纪 80 年代，斯科特（Scott，1984）在其研究美国洛杉矶市妇女服装工业的论文中，首先将交易费用、劳动分工和集聚（agglomeration）三者联系起来。之后，克里斯托弗森（Christopherson，1986）和斯多波（Storper）在对好莱坞的影视产业研究中观察到了企业间明显的垂直分离现象。通过对美国电影产业的研究，斯多波、斯科特等研究者发现，由于现代市场经济的多边性和技术变化的快速性，企业内部规模经济的优势逐渐削弱，进而引发了企业内垂直一体的生产活动逐渐发生了分离，以对市场有更快速、更强大的适应能力。但是，因各环节的生产过程分离，不再像原先垂直一体化企业那样能对各环节单独控制管理。显然，企业内原先垂直一体化的产业链的各个环节在垂直分离之后，各环节之间的协调性和交易成本可能大打折扣。因此，加利福尼亚学派认为，集群很好地解决了这个问题：各个垂直分离的环节聚集在同一个地方，相互交流，通过各种外部性的获得，使得集群内企业的交易成本最小化，从而很好地弥补了各环节在垂直分离后所产生的各种弊端。

通过对加利福尼亚学派的综述，不难发现，产业链上各环节的合作至关重要。该学派也正是通过集群概念的引入解释了如何进行各环节和各企业之间的合作。从该学派斯多波提出的一个所谓的"异端框架"，也即"三位一体"构架（见图6－1）中，可以发现，该学派已认识到技术、组织和地域之间的互动演化关系——在合作中共同演化——对本地集群发展的重要影响。从合作的角度来讲，"三位一体"构架是从系统角度来考虑区域、产业集群发展的内在机制。但是，"三位一体"构架只是从宏观上给出了一个地区的合作框架，并未明确给出明确的操作步骤，也没有将其中涉及的合作上升到理论高度。

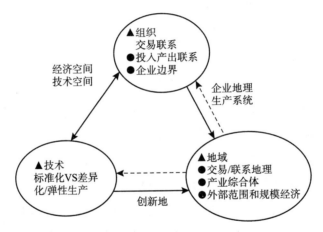

图6－1　解释区域发展的"三位一体"构架（Storper M.，1997）

3."黏性地方"学派

"黏性地方"学派形成于对新产业区学派的深入反思。它侧重于那些在全球范围内对资本、劳动力、技术等具有"黏性"的地区的系统化研究。新产业区学派所认为的由中小企业组成的并根植于地方的产业区类型，并未得到"黏性地方"学派的完全认可。"黏性地方"学派认为，新产业区学派的观点在全球范围内得到推广还有待商榷（Markusen，1996）。该学派更加注重于探索能够吸引全球范围内的资本、劳动力、技术等要素的产业区的地方具有怎样的特征。

通过研究，"黏性地方"学派发现，与传统的区位论和中心地理论所认为的"第一等级城市（first tier cities）"具有快速发展潜力的观点不同的是，像"第三意大利"这类快速发展的地方所在的区域并非是所谓的"第一等级城市"。因此，该学派提出了"第二等级城市"（second tier cities）学说，也就是对工业快速发展，人口、就业和产业等快速集聚的新兴的并非大城市的中小规模城市的特定称谓（Markusen，Lee，Digiovanna；1999）。"黏性地方"学派的研究思路撇开了已有的理论对产业区进行的种种人为的假设，重新从产业区发展的现状和为什么具有能够发展成这样进行本体论意义上的思考。

通过对"黏性地方"学派的考察，不难看出，该学派侧重于从区域特性的现状出发进行研究，得出的结论是产业区得以发展的实质是利用地方的各种特点，为当地特定产业提供各种便捷的增值服务与便利条件，以获得溢出效应。从合作的角度来讲，具有某些地方之所以具有"黏性"，是因为这些地方为这些产业提供了各种便捷的增值服务与便利条件，也就以合作的态度参与了"黏"住资本、劳动力、技术的过程。

4. 创新环境和创新网络学派

集群创新已经成为了集群研究者们最关切的主题。创新可以让一个企业在短暂的时间内崛起，比如众所周知的美国苹果公司。新时代的企业家、政府和研究机构更关注创新对企业或产业发展的促进作用。政府通过制定相关产业政策激励企业和研究机构创新，研究机构通过技术的创新进而促进企业的创新。

该学派的开山鼻祖约瑟夫·熊彼特（Schumpeter J. A.），曾提出了建立在企业家精神和创新基础上的市场经济与资本主义才具有持久的竞争力。用长远发展的观点来看问题，技术创新才是促进经济增长的最根本因素。在现代化技术日益发达的今天，商品，尤其是数码电子类商品，其所蕴涵的科学技术含量是超乎常人想象的。因此，仅靠单独一个公司就要对整个商品进行创新越来越难，因而企业也越来越需要通过与其他的公司合作共同参与创新以实现产品的最终创新。所以，在本地构建创新网络，让每个企业成为该网络中的节点，使得创新活动在创新网络中得以实现就显得非常必要和重要。赛克尼安（Saxenian，1994）在对美国硅谷的研究中发现，硅谷的发展速度之所以如此迅速，并能在短时间内崛起，其根由与硅谷的企业、协会、大学和相关的研究机构等所组成的区域创新网络和当地特有的创新环境有着紧密的关系。

在该学派的讨论中，隐性知识（tacit knowledge）是一个非常重要的概念。他们根据知识是否可编码，将知识分为隐性知识和显性知识。所谓编码，就是指将知识通过某种具有可视化、可听性、可触性等的途径将信息表达出来，并能被他人理解的知识，如书本知识就是经过编码化了的知识。而隐性知识，即是那种无法用言语表达清楚的东西，它可能蕴涵在眼神里，也可能就在表达者表达出来的话语中，但是又未被表达者有意识地编码的知识。哥乐（Gertler，2003）认为，隐性知识的产生与共享与地方文化、制度和惯例等有关。从某种程度上来说，企业创新、创新网络、创新环境、创新系统和隐性知识的互动演进，是新产业区理论发展的另一个重要方向。

该学派的核心观点是，将创新环境和创新网络的构建看成最重要的目标。换言之，该学派认为产业集群有助于形成创新环境和创新网络。显然，创新环境和创新网络学派的观点中，暗含着本地企业之间信任与合作的重要性。但是，该学派以隐性知识的传播作为企业创新的重要来源，难免有些偏颇。虽然隐性知识的传播在实现企业创新过程中起着不可估量的作用，但将创新的力量在很大程度上归结于一种不可捉摸、难以解释的东西——隐性知识，使得该学派的某些观点缺乏说服力。

5. 新经济地理学派

以保罗·克鲁格曼、藤田为代表的新经济地理学派，主要从规模报酬递增、不完全竞争和运输成本三个方面分析区域经济发展的内在动力机制。他通过假设市场环境的不完全竞争性和具有收益递增的特征，建立起了新的贸易理论和区位论的结合。克鲁格曼认为，某些区域因一定的历史偶然性因素而发生了区域专业化现象，因外部规模经济效应而锁定了区域的这种专业化进程（Krugman，1991）。对于工业生产的地方化问题，克鲁格曼认为劳动力市场共享、中间产品供应和技术溢出是三大主要原因。这三个原因虽然是形成集群必须的原因，但是不足以解释集群中企业的长处（strength of clustering firms）。总的来说，新经济地理学派的观点在很大程度上沿袭了马歇尔的观点。

新经济地理学派的理论中，合作行动起了很大的作用。比如劳动力市场的建立需要政府、协会的参与，而即时供应需要上下游企业间基于产业链的合作等。

6. 竞争优势学派

竞争优势学派（战略管理学派、集群学派）关心的核心问题是如何将具有全球竞争力的区域产业实现持续的竞争力。该学派的代表人物波特（Porter）在其《国家竞争优势》一书中提出了具有全球影响力的"钻石模型"（见图6-2）。也正是这一学派将"集群"的概念推向了全世界。

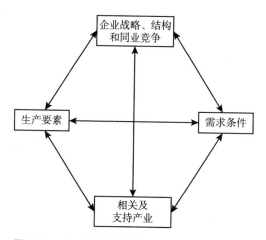

图6-2 波特的钻石模型（Porter M.，1998）

波特所提出的"钻石模型"事实上是一个产业区发展的系统性问题。该模型不单独强调"生产要素"、"企业战略、结构和同业竞争""需求条件"和"相关及支持产业"中的任何一个，而是强调这几方面在政府和机遇的作用下协同演进。这一观点与创新环境和创新网络学派的企业在网络中协同演进的观点不谋而合。但"钻石模型"也受到了一些其他学派学者的批评，认为其过于宽泛、研究不专注（Martin，Sunley，1999）。从产业集群合作行动的意义上来讲，竞争优势学派已经看到了产业集群的发展是一个系统的过程，整体的成功需要各个因素的相互合作。其缺点便是没有看到产业区中各行为主体的能动性作用，也即虽然该理论认为需要改变某些环节的某些方面，在现实的操作过程中，一些企业家并不能认识到理论上所倡导的改变能给他们带来利益，因而并不愿意改变。

7. 集体效率学派

集体效率学派认为，产业集群中行为主体间的合作行动（collective action）是产业集群竞争优势的来源。该学派非常重视人的作用对产业集群发展的影响。研究发现，产业区中政府单纯地给予企业在政策上的支持抑或采取政府采购的方式扶持企业，并非一定能够让产业集群获得持续发展的动力，而是政府的这些行为必须能够让企业慢慢由被动的受支持到主动地努力转变，因而他们提出了一种"三角形"的方法（见图6-3）以解释怎样的企业能够获得持久的竞争力优势（John Humphrey，Hubert Schmitz，1996）。集体效率学派的优势在于，他们市场、系统、人的能动的角度去研究产业集群，将产业集群中的行为主体看成是现实世界中的人，为理解现实的产业集群和解释现实的产业集群带来了新的思路。但同时，因为现实中的人的行为十分复杂，不像经济学中假设的"经济人"那样容易分析，这也就使得基于现实人思考的研究增加了难度。

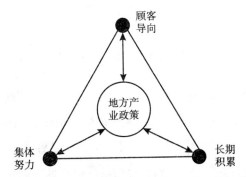

图6-3 地方产业政策的"三角形"（Humphrey J.，Schmitz H.，1996）

总的来说，集体效率学派对于产业集群中合作行动的重视已经远远超过了之前的任何研究。但是，在集体效率学派的研究文献中，产业集群中的合作行动也仅仅是一个分析的视角，而没有将它提升到理论研究的高度。

（三）"理论层"的产业集群合作行动研究

林涛（2010）对产业集群合作行动分区域、产业集群和企业层次的不同目标进行了研究。但是书中对产业集群合作行动的目标研究缺乏按时间演进的目标分析，而容易理解的是，行为主体在不同的企业或产业区发展阶段的想法是不一样的。对产业集群合作行动中的行为主体的能动作用的重视并进行了深入分析。研究认为：（1）产业集群理论运用于实践时，合作行动是实践集群中集体效率的关键；（2）产业集群合作行动的目标是增进区域产业发展的公共利益与效率；（3）产业集群中的行为主体的能动作用是合作行动的基础与依托；（4）产业集群的合作行动的开展需要用系统的观点进行考察。

虽然产业集群合作行动的目标是理想式的"增进区域产业发展的公共利益与效率"，但是事实上，在产业集群中，这样的主体却很少存在。一个企业在无法顾及自己企业利益时，它有可能顾及产业发展的公共利益问题吗？普遍来说，在正常情况下，这显然是不可能的。正如曼瑟尔·奥尔森（2011）在其《集体行动的逻辑》一书中所言："正如某一生产者为提高其产品价格而限制其产量是不合情理一样，要他牺牲时间和金钱来资助其游说集团获得政府帮助同样是不合情理的。一个游说集团，或一个工会，或其他任何组织，尽管它为某一产业中的企业或工人的一个大集团的利益服务，但它从那一产业中理性、自利的个人那里得不到任何资助。"其意思就是说，产业中理性、自利的企业很少有可能为了集体的利益而付出它们的时间和金钱。在现实世界中，我们既难以看到像《产业集群合作行动》所说的那种理想式的合作，也难以看到完全理性、自利的企业为了自利而对集体的利益一毛不拔。

二、产业集群合作行动目标

企业和个人都是理性的、自利的它们行为的动机首先是自身的利益而不是集体的利益。因为那些理性的、自利的企业或个人中总是有一部分会想到自己的短暂利益。但是，合作行动需要各方集体努力以达成最优的效果——通过合作行动，既满足理性的、自利的诉求，也满足公共利益的诉求。

产业集群的目标分为三个层次，即区域层次的目标、集群层次的目标和企业层次的目标（林涛，2011）。从系统的角度，产业集群发展的最终结果是一个功能完善的"自组织"系统，并在系统角度的基础上，参考"三层目标论"将目标分成宏观、中观和微观三个层次，开展对产业集群合作行动目标的研究。

（一）产业集群系统形成时期的目标

在产业集群形成时期，便是产业集群系统开始建立之时。这时涉及的系统的元素包括资源类的土地资源、矿产资源、水资源等；人文因素中的有形实体企业、机构、政府部门等；人文因素中的无形实体本地文化等。在系统尚未建立之前，如何形成一个产业集群系统是至关重要的问题。但是，在此地将会发展成一个何种产业的产业集群又往往是不可预料的，但同时又是可以激发的。系统发生的不可预料性指的是系统的发生受到偶然性因素、本地文化的影响，比如山东郯城县的二胡乐器产业区的形成就有极大的偶然性因素。而系统的发生又是可以激发的是由于系统的发生有时又跟本地文化和本地资源密切相关，如浙江余杭中泰乡的竹笛乐器产业区的发展跟当地有丰富的苦竹资源、当地人敢闯敢拼的文化氛围是分不开的。因此，在产业集群形成之前，搜寻"第一粒种子"，即新奇，是第一要务。一旦"第一粒种子"落地，并出现相应的类似企业在本地萌芽，此时产业集群的萌芽才算真正开始。当"第一粒种子"产生之后，产业集群真正进入形成期的信号是随后在"第一粒种子"周围又零零散散"萌发"

了一些苗子，并且越来越多。因此，对处于形成时期的产业集群来说，企业的数量的多寡是其追求的重要目标，因为如若没有大量企业的集聚出现，"集群"的概念无从言起。产业集群在形成期主要是一个产业集聚、企业数量增长的过程。企业家们自发地创立企业，从根本上说是企业家逐利的表现。而企业要想谋求长远发展，也必须具有雄厚的资金基础。在产业集群形成期，政府是除了企业之外，可以参与合作行动的行为主体。由于其特殊的行政和职权能力，政府的目标是尽可能地评价当地新兴产业的前景。产业集群的形成期的各行动主体的具体目标见表6－1。

表6－1　　　　　　　产业集群形成时期合作行动各行为主体的目标

目标层次	目标细分	目　　　标
宏观	区域	无明确目标
中观	集群	寻找、重视"第一粒"种子；大量企业集聚
微观	企业	利用新市场、新政策最大限度谋利，为发展做准备
	政府	评价新兴产业的前景；为企业提供意见、建议

（二）产业集群系统发展时期的目标

产业集群的发展期是产业集群由低级走向高级的重要过渡阶段。这一阶段，产业集群拥有的发展机遇最多，同时面临的危机也最大。一方面，由于在形成时期大量企业的集聚，并随着规模、影响力的扩大，产业集群受到来自集群内部和外部更多的关注。集群外新企业、相关金融、科研机构、中间机构商等不断迁入集群，给本地产业集群注入了新鲜血液，使得创业、创新、合作等在集群内得以强化。另一方面，形成时期大量集中于产业链同一环节的企业集聚，使得集群的生产效率低下，反而增加了集群内部的压力，如本地固有文化环境的破坏、环境污染加严重、产品逐底竞争等。从产业集群发展时期的表现与特征来看，用系统视角分析，各行为主体之间的协调、主体与主体之间的关系、信任、主体本身的发展状态、主体与环境之间的协调等都应当在此阶段得到充分重视。各行动主体在发展时期的合作行动的目标见表6－2。

表6－2　　　　　产业集群发展时期合作行动各行为主体的目标

目标层次	目标细分	目　　标
宏观	区域	促使产业集群快速发展达成更好的区域合作以增加本地劳动力和吸纳周边地区劳动力进入集群就业，创造社会福利；加强与系统外集群的沟通交流，与不断快速变化的动态市场保持紧密联系；保持区域经济的稳定等
中观	集群	增强产业集群系统的运转效率；重构产业链以在产业链各个环节结点上形成各种配套企业，倡导产业分工；加强行为主体间的水平和垂直合作联系，提高集群的整体创新速度和能力；把握对环境合理利用与开发的尺度；建设本地相应专业市场，如劳动力市场池、专业销售市场等
微观	企业	增强业务能力、提高产品品质、加快资金周转速度、加强基于市场需要的创新能力、深化内部管理等以追求最大利润和最大市场份额
	机构	提高业务能力，为集群中的其他主体提供更快、更新的消息，做好协调工作等
	政府	做好基础设施建设和政策制定工作，为集群的发展提供增值服务和便利条件

（三）产业集群系统成熟时期的目标设定

产业集群系统到了成熟时期，产业集群系统中各要素之间的相互关系和谐、联系紧密，要素构成较为完整。成熟期是产业集群发展走向顶峰的阶段。但任何事物都具有两面性，产业集群的成熟期也意味产业集群在经历了鼎盛时期后，存在衰亡的可能。因此，在产业集群成熟时期，既要保持产业集群系统的固有优势，又要及时避免和消除集群中存在的问题（见表6－3）。

表6－3　　　　　产业集群成熟时期合作行动各行为主体的目标

目标层次	目标细分	目　　标
宏观	区域	与发展时期的目标相同
中观	集群	保持集群的高效、灵活运转，总的来说与发展时期的目标相同
微观	企业	持续创新；建设并推广产业品牌；把控市场的话语权和产品标准的制定权；走专业化路线；克服"短板"
	机构	与发展时期相同
	政府	即时响应集群的各种工作

第二节　产业集群合作行动的主体能动作用

不难发现，产业集群系统在不同的发展阶段，其内部结构和所面临的问题是不同的。产业集群合作行动主体能动作用，随着产业集群合作行动目标的改变而改变。在开展产业集群合作行动之前，假设产业集群中的行动主体都有共同的愿景：实现持续、长久的利润或效益回报（见图6－4）。

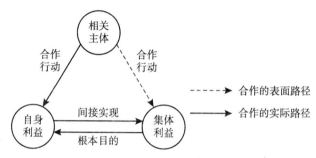

图6－4　产业集群合作行动相关主体参与合作的动机

一、产业集群形成时期的主体能动作用

在这一时期，主体类型主要分为个人、企业、政府和可能存在的一些服务于当地其他产业的中间机构、科研机构等。在形成时期，产业集群中的企业数量少，政府对于刚刚形成的产业集群，根据所发展的产业的类型与本地的相关程度而持不同的态度。一般情况下，政府对与本地资源、本地文化背景等紧密相关的产业持更多的关注，而由于对产业发展前景缺乏相应的预期，往往对与本地相关性较小的产业采取观望的态度。同样是由于产业发展的前景不明朗，金融机构很难贷款给刚成长起来的企业，企业只能自备资本进行投资。

在这个阶段，产业集群中除了一些非常具有创业、创新意识的个人或组织会主动采取合作行动外，一般来讲，行为主体对合作行动都不是很积极。因此，政府就需要组织、邀请相关的人员，包括政府相关部门人员、该行业的相关专家、已经开办企业的和有意愿创办企业但又不敢冒险的"企业家"等，开展全面的调研工作，论证当地是否适合发展该产业、怎么发展，提供相应的产业发展前景报告。

二、产业集群发展时期的主体能动作用

产业集群进入发展时期，也就意味着产业集群在当地发展的形势趋好，一方面经过形成时期的各种经验、资本等的积累和关系网的建立，具有潜在的发展空间；另一方面可能产生各种问题，如果不加以干涉并调整，会影响产业集群的发展。

（一）合作行动中的信任危机

对于合作行动中的行为主体来说，"有没有必要参加合作行动"、"参加合作行动能给他们带来什么好处"、"如果参加合作行动需要打破现有的生产方式或运作流程，那么是否还应该继续参加合作行动"等是他们考虑的主要方面。高效而尊重现实主体的合作行动，必须关切主体的需求和顾虑（见表6-4）。

表6-4　　　产业集群发展时期主体参加合作行动的顾虑和理由

行动主体	个体目标	合作行动的主体需求	对合作行动的顾虑	合作行动示例
个人	寻求更好福利以及人生价值的追求	实现个人目标	个人损失以及实现目标的概率	从大企业跳槽以帮助小企业壮大
企业	谋取更丰厚的利润以及保持竞争力	实现企业目标	对企业已有地位及未来发展的影响	顺应产业规划，由组装厂转型做配件厂
中间机构	壮大机构以赚取更多佣金或利润	实现自我目标	是否影响自身利益	调集更多的人手获取更多的市场信息
政府	创造政绩和吸纳更多税收	实现政府目标	是否影响政绩和已有税收收益	对小企业的关照程度增强而适度减弱对大企业的关照

从是否有利于开展产业集群发展时期的合作行动的角度来说，行为主体之间的信任可分为有利于开展合作行动和不利于开展合作行动两个方面。在发展时期，行为主体间扩展信任构建质量的优劣性很大程度上取决于集群形成时期合作性的质量和发展阶段初期合作行动的进展情况。如果在发展时期已有的扩展信任建设得较好，则行为主体之间达成合作的可能性较大；而若已有的扩展信任建设得较次，则行为主体之间达成合作以共同应对集群危机或共同设计集群未来发展的可能性就较小。根据实践经验可发现，产业集群中能力较弱的个人、企业和组织出于希望通过合作行动来改变自己的现状的目的而参与合作行动的愿望大于那些能力较强而更希望维持已有的强势地位的个人、企业和组织参与合作行动愿望。因此，集群中的弱势主体取得扩展信任比集群中强势主体取得扩展信任较为容易，也更容易参与到合作行动中去。

由于市场瞬息万变，解决集群中信任危机不能由矛盾的各方逐渐建立扩展信任以最终达成真正的合作，而是要尽快采取干预措施。因此，集群中具有正面、权威形象的主体在解决集群信任危机时其作用非常重要。这样的主体往往由政府、区外专家团、行业协会、集群中的大企业和杰出人物担任。政府通过公共采购、政策支持等方式扶持合作中短暂利益受损的企业和宏观支持合作性的开展；区外专家团通过客观的研究报告，发布开展合作行动的必要性和共同利益及个体利益的发展前景；行业协会、集群中的大企业和杰出人物则起到游说的作用，另外大企业和杰出人物还起到榜样的作用。

（二）合作行动的进一步开展

产业集群中的信任危机解决是产业集群合作得以进一步开展的重要基础。在化解产业集群行为主体之间的信任危机之后，进而需关注合作行动的进一步开展以及各行为主体在合作行动中的具体行动。值得注意的是，宏观层次、中观层次和微观层次目标不是单独实现的，而是一个共同实现的过程。比如企业在实现规模效应的微观目标时，也在同时实现吸纳更多劳动力的宏观目标。

1. 系统要素的重组

系统要素重组也即产业集群中产业链的重组。在产业集群的形成时期，产业集群主要支持企业数量的增长，鼓励企业开辟新市场以赚取更多的利润。由于利益的推动，在形成时期大量企业向利润最丰厚的部门聚集，也即本地企业集中在产业链的某一环节，最终导致系统重心的偏向（不稳定）、系统功能的不足、相关设备的重复投资和产业集群内恶性竞争的出现。因此，产业集群产业链重构是使产业集群系统更加有序的重要手段。规划产业集群的基于产业链的分工，意味着产业集群内某些原有的企业要转型，从生产整件转而做配件或从做配件转而做整件或要鼓励一些有创业意向的潜在企业家创办规划需要类型的企业。政府可以行使宏观调控的特权制定政策，以引导污染重、产能小、效益低的企业转型。另外，政府部门可以通过工商审批的手段，宏观上控制某一环节企业的数量增减。

2. 系统要素的能力强化

（1）企业能力强化。包括加强技术创新的能力、提高产品的品质、加强企业制度建设等。

（2）机构的能力强化。在产业集群中，行业协会有着重要的地位，它是沟通企业和政府的桥梁，是搜集市场信息、分析市场信息、检测产品质量、调解集群矛盾等的重要机构。对于行业协会能力的强化主要分为以下几个方面：政府重视、机构独立、优秀人才。

（3）政府能力强化。包括积极响应并编制相关政策和基础设施的建造。

3. 加强系统要素间和与系统外的要素的联系

在产业集群系统中，各要素相辅相成、相互联系。各行为主体之间的联系程度与协调程度与行为主体间的信任、主体本身的能力强弱、主体的专业化程度有关。

（1）企业与企业之间的联系。根据斯米茨（Schmitz，2000）的分类法，企业之间的产业联系方式共有四种，即水平双边合作（共用机器设备等）、水平多边合作（行业协会等）、垂直双边合作（生产商和客商合作改进产品）和垂直多边合作（本地价值链联盟）。企业间的垂直产业联系强度建立在基于产业链分布的企业的专业化程度。加强企业间的垂直产业联系可以使企业发挥最佳潜能以使每一个产品配件都达到最佳。企业间的水平产业联系强度建立在企业间信任的基础上。加强企业间水平产业联系可以合作开发新的产品，也可以减少重复投资在产业集群中的出现。总的来说，加强企业之间的联系可以实现设备共用、生产转包、加强产业链上下游企业间的信息沟通、灵活应对市场的各种变化标准等。加强企业间的联系，不是死搬硬套的，而是在基于产业链重构和各行为主体能力加强的基础上，根据各企业自己的能动作用自然而然形成的。

（2）政府、机构与企业间的联系。这种联系可以是定期的，也可以是不定期的、突发的。作为政策制定者的政府必须经常与企业联系才能获取企业发展、产业集群发展的最新动态，以便制定更加具有远瞻性的政策。

（3）与外系统的联系。加强政府、协会与集群外的联系，可以获取市场以及集群外其他竞争者的最新动态，通过政府和协会发布通知、内部刊物的形式直接向产业集群内的企业发布最新信息，使得行业信息迅速在集群内传播。企业与外系统的联系主要体现在产业联系或非制造环节的联系上。但是，企业与外系统的联系容易被外系统中实力强大的企业"俘获"，而受控于外系统。因此，企业需注意核心环节的产业联系应当在集群内完成。

三、产业集群成熟时期的主体能动作用

在产业集群成熟时期，集群主体通过合作行动需要解决的主要问题是企业路径依赖、品牌建设和专业化方向，但这并不意味着集群在发展时期的合作行动在集群成熟时期就停止了。从某种程度上来说，集群成熟时期的合作行动是集群在发展时期的合作行动的延续和强化。

1. 路径依赖的克服

通过产业集群发展时期的合作行动，除了有突发性的国家政策变化或不可抗力的影响，企业发展的路径已基本锁定。产业集群成熟时期的企业，大多具有一定的实力，并且占据了一定的市场份额。对于路径依赖，主体能动性的发挥在于不断搜集新的市场信息以及敢于尝试投入到新生事物中。企业自身一方面在于不断壮大、精细已有生产线；另一方面在于配合行业协会不断搜集市场最新动态和产业集群外企业的最新动态信息，并将搜集到的信息转发集群内的其他企业。企业路径的转换还需要政府、协会等组织区外专家团介入进行充分的市场调研。

2. 品牌建设

品牌建设是提高产品附加值的最好途径，但是品牌的建设绝非是在企业发展的任何时期都可以的。品牌建设最重要的是品牌背后的质量、销售网、资金、创新等的支撑，如果没有背后真正的支持，在如今品牌繁多的时代，品牌很难真正起到作用。产业集群的企业经过发展时期的锤炼后，从质量、销售网、资金、创新等方面有了质的提高，应当不失时机地将品牌打响。打响品牌可以通过产业集群中的合作行动朝集群品牌和企业品牌两方面发展。集群品牌依托集群庞大而又强大的支撑体系，可以为集群内企业打开销路，并提升集群知名度。打造集群品牌主要依靠政府和行业协会的能动性。企业品牌，在于发挥企业的能动性。倘若没有企业自身的品牌，集群品牌有可能遭遇"公地悲剧"。

3. 专业化方向

实践发现，企业在发展到一定程度之后，都有向其他行业或类似行业投资的趋向。适当的投资有利于企业发挥资本的作用，获取更多的盈利。但是过大铺张投资，而离原先发家的产业越来越远，甚至抛弃主业则给企业的发展带了危机。企业的目标是盈利，而盈利必须在一定的产业基础上进行，企业获利的过程即是不断积累经验和资本的过程。因此，企业应当认清目标和自己的优势，而不是盲目投资。

第三节　洛舍钢琴产业区的合作行动

一、洛舍钢琴产业区系统分析和阶段判断

（一）系统要素

1. 企业

企业在系统中的作用一是生产产品，满足人们的物质生活和精神生活的需要；二是向政府交纳税收；三是容纳就业人口，创造社会福利和维持社会的稳定。

2010 年年底洛舍钢琴产业区有在册企业 46 家，其中 22 家能生产钢琴整琴，24 家专业生产钢琴配件①，加上少量家庭作坊式生产商，共约 70 家。钢琴产量占国内钢琴总量的 1/10，产品远销多个国家，满足了一部分人的需要。但是从消费者和销售商认可的角度来说，洛舍钢琴品质是低于国内水平和国际水平的。调研发现，洛舍镇的几乎每家生产整琴的企业都拥有数个钢琴牌子，如湖州华谱钢琴有限公司有"罗兰特"、"Ｗ·爵士"、"洛德莱斯"等品牌，湖州海尔乐器制造有限公司有"海尔德利"、"波尔顿"和"何尔尼"等牌子。整个洛舍包括贴牌、自有品牌在内拥有上百个钢琴牌子，大多数为"杂牌"，很多钢琴企业的牌子取的是"洋名字"，但是在高端市场上得到消费者认可的品牌少。

由于洛舍钢琴产业区中企业的规模小，企业员工大多在 100 人以下，超过 100 人的只有 5 家②。其在创造税收和容纳就业方面的能力也是有限的。

---

① 洛舍的三角钢琴拍出 990 万元。http://news.qq.com/a/20101212/000145.html.
② 作者调研所得.

2. 相关机构

就像上述提到的在洛舍钢琴产业区中，科研机构几乎没有，行业协会也成立不久，劳动力培训机构缺少。因此，在洛舍钢琴产业区的发展中，机构的作用力是微弱的。

3. 政府

在洛舍钢琴产业集群中，政府充当了产业区中的多种角色，甚至替代了一些相关机构的职能，如行业协会职能。从第五章第一节关于洛舍钢琴产业区的内容可以看出，政府在打造洛舍钢琴区域品牌、促进企业对外联系、加强政策扶持等方面发挥了重要作用。

（二）要素（行为主体）之间的相互关系

在洛舍钢琴产业区中，如前所述，区内企业之间的联系一是表现在产品零部件的供应上，一些企业按照要求为其他企业生产和供应相关的生产钢琴零部件；二是表现在订单的合作上。一些企业接到较多的订单后，会将一部分订单分派给其他企业；三是表现在企业家、技术人员之间的日常性的交流上。但是在技术合作、营销合作等方面的联系缺乏。

一些企业与科研机构和大学进行产学研合作，但这样的企业联系少。政府通过以"举办钢琴赛"、"鼓励企业参加乐器展览会"的形式与企业保持紧密联系。

（三）本系统与外系统的联系强度

就洛舍钢琴产业区的整体情况而言，钢琴企业与外系统的联系主要是当地的木业企业与外地的一些钢琴企业。而与外地的钢琴企业之间的联系除了每年一次的全国钢琴产业发展会议之外，基本就是产业链上的联系，如进口钢丝、击弦机等重要的零配件。

（四）产业区的发展阶段判断与目标设定

通过以上分析，可以看出洛舍钢琴产业区虽然历经近三十年的发展历程，仍处于产业集群系统的发展阶段，并且远远未达到产业集群的成熟时期。从系统的角度来说，洛舍钢琴产业区系统的现状特点是：要素有序化程度低、要素的能力弱、要素之间的联系少与外系统的联系偏少。因此洛舍钢琴产业区系统处于发展时期，所以，可对洛舍钢琴产业区合作行动的具体目标设定（见表6-5）。

表6-5　　　　　　　　　　洛舍产业集群发展时期目标设定

目标层次	目标细分	目　　标
宏观	区域	促使产业区快速发展，达成更好的区域合作以增加本地劳动力和吸纳周边地区劳动力进入集群就业，创造社会福利；加强与系统外集群的沟通交流，与不断变化的动态市场保持紧密联系；保持区域经济的稳定等
中观	集群	完善洛舍钢琴产业区的产业链各环节以加速产业分工；加强行为主体间的水平和垂直合作联系，提高产业区的整体创新速度和能力；建设本地相应专业市场
微观	企业	增强业务能力、提高产品品质、加快资金周转速度、加强基于市场需要的创新能力、深化内部管理等，以追求最大利润和最大市场份额
	机构	提高业务能力，为产业区中的其他主体提供更快、更新的消息，做好协调工作等
	政府	做好基础设施建设和政策制定工作，为产业区的发展提供增值服务和便利条件

二、解决集群主体之间的信任问题

出于对同行竞争对手的提防、商业保密、相互之间信任关系的历史文化因素，产业区内行为主体之间存在不信任现象是可以理解的。事实上，企业家们也意识到这种不信任对企业和产业区的发展都十分不利，但是这个问题难以解决。

信任的程度如何，就意味着在合作行动中相关主体的配合程度如何。解决信任问题，需要发挥政府、专家团、本地杰出人物、大企业和行业协会的作用以打破集群中不信任的氛围。鉴于洛舍钢琴产业区要加强行业协会的作用，组织专家组开展针对产业区的调研活动。根据调研的实际情况，通过传发内部刊物、游说等方式先鼓动有号召力的企业或人行动起来，将在洛舍有声望有魄力企业乐韵、杰士德等钢琴厂和中德利钢琴厂纳入解决信任问题的主体中。再对其他企业依次开展游说。当然，在解决信任问题之前，政府应当有明确的规划，也就是要对开展游说的对象说明怎样做才能增强洛舍钢琴产业区的竞争力和企业的利益。

三、产业区合作行动的开展

洛舍钢琴产业集群的合作行动的开展，是基于洛舍钢琴产业区的主体能动作用的。充分尊重现实主体中的参与合作行动的意愿，是合作行动高效开展、成功开展的关键。

（一）系统要素的重组：产业链重组

按照相关规划，按照产业链的需要对洛舍钢琴产业区中的产业分工进行重新规划，比如企业的兼并重组、生产转型、鼓励创办某些企业等。从产业链重组开始，政府可以给予那些转型的企业、新创办企业的一定政策、税收上的倾斜。兼并重组的企业，应当是那些处于产业链同一环节上的企业，比如生产音板的企业或生产整琴的企业。企业的兼并重组可以经过原先企业的产权协商、人事调动等环节在较短的时间内达成。但是对于生产转型的企业，则需要较长的时间。因为企业的生产转型可能意味着企业将从原先较熟悉的部门转向较不熟悉的部门。

（二）系统要素的能力强化

1. 企业能力强化

（1）加强企业的技术创新。在国内钢琴制造行业，即使是大公司，钢琴生产技术创新也被认为是困难的事。对于洛舍钢琴产业区来说，企业要不断与区内外的同行接触交流，消化吸收国内外已有的先进技术，清楚本企业钢琴在质量和技术上与同行企业的差距；加强在钢琴制造技术、音乐欣赏等方面的学习，提高对钢琴的理解；鼓励员工创新，设立员工创新奖金；加强对员工的培训，提高他们的技术水平和创新能力；加强"产学研"合作。企业和科研机构和院校之间开展合作，是创新资源有效配置和加速产业升级的一个非常重要的途径。可以通过技术攻关和项目设计的形式，解决企业在生产过程的难题，加强企业的创新能力。

（2）提高产品品质。企业家应当充分认识到过硬的产品质量是真正赢得消费者赞赏的根本保障。要细分本企业中各个生产环节，对各个生产环节进行严格控制，保证产品零配件的质量，优化各个零配件组合后的协调性。

（3）加强企业制度建设。在进行企业制度建设时，一是加强人性化管理，为员工生产提供一个良好的空间；二是要规范化生产流程、经营方式等，提高生产效率。

2. 机构能力强化

行业协会是一个相对中立的机构。行业协会在产业区中具有特殊的作用，它的功能是政府不可替代的。洛舍政府要淡出行业协会的角色，行业协会要加强自身独立性，可以请相关专业的优秀人才担任协会中的重要职务，提高协会处理各方面事务的能力。

发展创新中介服务体系。创新中介服务体系被认为是对企业技术创新的最好支持，许多国家的政府都有明显的扶持技术创新中介服务发展的政策和措施，通过实施一些专门的计划，来支持技术创新中介服务的发展。

3. 政府的能力强化

地方政府高度重视合作行动的重要性，目前在政府的规划引导下，由当地的龙头企业——德华木业牵头，以上市为目标，将原本较为零散的企业整合成一个大企业。应该说这是合作行动的开始，但由于没有充分征求其他企业的意愿而出现不同的声音。

在大力发展钢琴产业的基础上，政府要将钢琴产业与教育、培训、文化观光旅游等产业进一步融合。同时，大力培养钢琴"欣赏群"、"学生群"，让更多的人热爱音乐、热爱乐器，形成钢琴产业发展的文化网络。

（三）加强产业区中的行为主体间及与区外的联系

1. 企业与企业之间的联系

洛舍钢琴产业区企业之间的联系总的来说不密切。因此，首先要加强产业链上下游企业间的信息沟通。上游企业尽可能生产符合下游企业需要的产品类型，提供下游企业所需要的原材料；下游企业把所需的零部件规格及质量要求提供给上游企业，在产业区内采购，降低交易成本。其次，处于产业链同一环节的企业间加强转包合作。由于同一环节的企业间基于竞争的合作关系，特别是市场发生变动的时候，需要紧密合作。当前国际钢琴行业面临重新洗牌的情况，对洛舍钢琴产业发展既是挑战，更是机遇。前提是要处理好竞争与合作的关系；最后，当市场的产品标准发生突变的时候，产业集群中所有企业均不具备符合市场标准的产品的生产能力，则这些企业之间需要相互合作，进行共同攻关。当然，企业之间的联系和合作都是以信任为前提的。

2. 政府、机构与企业之间的联系

政府与企业的联系主要是政府为企业发展提供必要的基础设施，营造良好的发展环境，同时企业要接受政府的宏观指导。在联系方式上，可采用正式的会议或非正式的交流等。洛舍钢琴产业区的中介机构发育不好，当务之急是加强中介机构建设，在此基础上，强调中介机构对企业的服务功能。

3. 与产业区外的联系

不同的主体与产业区外的联系方式不一样。在政府层面上，区域间建立区域合作的政策框架；在企业层面上，洛舍钢琴企业要加强向区外企业学习，提高技术。同时加强与研究机构和大学的联系，加强创新。

参考文献

［1］ Becattini G.. The development of light industry in Tuscany：An industrial community in southern Brazil ［Z］. Brighton：Institute of Development

Studies, University of Sussex. Discussion Paper No. 361, 1997, 16 – 65.

[2] Gertler. Tacit knowledge and the economic geography of context, or the undefinable tacitness of being (three) [J]. Journal of Economic Geography, 2003, 3: 75 – 99.

[3] Harrison R.. Industrial district: Old wine in new bottles [J]. Regional Strdies. 1992, 26 (4): 469 – 483.

[4] Humphrey J., Schmitz H.. The triple approach to local industrial policy [J]. World Development, 1996, 24 (12): 1859 – 1877.

[5] Krugman P.. Geography and trade [M]. Cambridge: IT Press, 1991.

[6] Martin R., Sunley P.. Deconstructing clusters: chaotic concept or policy panacea [J]. Journal of Economics, 1999, 23 (2): 167 – 186.

[7] Marshall A.. Principles of economics (Eighth edition) [M]. London: Macmillan, 1920, 221.

[8] Markusen A.. Sticky places in slippery space: A typology of industrial districts [J]. Economic Geography, 1996, 72 (3): 293 – 313.

[9] Markusen A., Lee Y., Digiovanna S. Second tier cities: Rapid growth beyond the metropolis [M]. Minneapolis: University of Minnesota Press, 1999.

[10] Porter M.. Clusters and the new economics of competition [J]. Harvard Business Review, 1998, 11 – 12: 77 – 90.

[11] Piore, Sabel. The sencond industrial divide: Possibilities for prosperity [M]. New York: Basic Books. 1984.

[12] Saxenian A.. Regional advantage: Culture and competition in Silicon Valley and Route 128, Cambridge [M]. Cambridge: Harvard University Press, 1994.

[13] Schumpeter J. A.. The theory of economic development [M]. Cambridge: Harvard University Press, 1934.

[14] Scott A. J.. Industrial Organization and the logic of intra-metropolitan

location Ⅲ: A case study of the women's dress industry in the greater Los Angeles region [J]. Economic Geography, 1984, 60 (1): 3 –27.

[15] Schmitz H.. Does local co-operation matter? Evidence from industrial clusters in south Asia and Latin America [J]. Oxford Development Studies, 2000, 28, (3): 323 –336.

[16] Storper M.. Regional worlds: territorial development in a global economy [M]. New York: Guilford Press, 1997, 7.

[17] 迈克尔·波特. 李明轩, 邱如美译. 国家竞争优势 [M]. 北京: 华夏出版社, 2002, 68.

[18] 曼瑟尔·奥尔森著. 陈郁, 郭宇峰, 李崇新译. 集体行动的逻辑 [M]. 上海: 格致出版社, 2011.

[19] 林涛. 产业集群合作行动 [M]. 北京: 科学出版社, 2010.

[20] 王缉慈. 创新的空间: 企业集群与区域发展 [M]. 北京: 北京大学出版社, 2001, 91 –94.

第七章

技术创新扩散与升级：江苏溪桥小提琴产业区案例

第一节　技术创新扩散相关研究

一、技术创新扩散相关概念

1. 技术创新

技术创新是任何领域都会涉及的问题，也是目前研究的热点和重点，对它的理解，一般可以从广义和狭义两个方面来看。从广义方面讲，技术创新是一个从研发、第一次商业化应用、开始传播、大范围推广和扩散的整个过程。这个过程必须是完整的。从狭义上讲，技术创新就是新技术的发明创造和首次商业化应用，这里把开始传播、大范围推广和扩散的过程排除在外（张金锁，1998）。一般情况下我们认为的技术创新就是指新技术、新发明、新的研究成果第一次被商业化应用，即将处于知识形态的研究成果转化为现实生产力，实现其预期经济价值，为社会和经济服务的过程。这个过程包括在生产体系中引进新产品、采用新工艺、购买新设备、原材料创新、创新技术的引用，等等。还可以把技术创新看做为改进现有或创造新的产品、生产过程或服务方式的技术活动。重大的技术创新会导致社会经济系统的根本性转变。

创新概念的提出起源于经济学家熊彼特，他把创新作为经济学的概念提出并对其进行研究分析，他的创新理论研究为资本主义国家的经济发展提供了理论依据。1912 年他在《经济发展理论》首次提出了技术创新的概念。他认为，创新就是把生产要素、生产条件重新组合，并将这种新的组合引入到生产的体系当中来，即建立一种新的生产函数。创新活动被他总结为五种不同的形式：新产品的引进、新技术的采用、进入以前没有进入过的市场、获得一种原材料或半成品的新的来源、新的组织形式或管理方法的实行和应用。20 世纪 70 年代厄特拜克（Utterback J. M.）把创新与产品的生命周期理论联系起来进行研究，这在当时是极具影响力的。技术创新 A－U 模型就是根据此研究而建立的。他认为技术创新与发明和创造是不一样的，只有通过真正的首次采用或者应用才能称之为创新（Utterback J. M.，1987）。80 年代中期缪尔塞（Mueser R.）在通过整理和分析众多文献资料，将技术创新定义为以其构思新颖和成功实现为特征的有意义的非连续性事件。曼斯菲尔德（Mansfield E.）认为，一项发明的首次应用就是技术创新（郑友敬，1994）。英国的弗里曼（Freeman C.，1982）认为技术创新是第一次引进一个新产品、新工艺，这个新产品或者新工艺中应该包含技术、设计、生产、财政、管理和市场等诸多方面。经济学家斯通曼（Stoneman P.，1983）把首次将科学发明或研究成果进行开发，并最后通过销售而创造利润的过程称之为技术创新。傅家骥（1998）认为，技术创新就是技术变为商品并在市场上销售得以实现其价值，从而获得经济效益的过程和行为。许庆瑞（2000）认为，技术创新泛指一种新的思想产生，直至得以利用并形成满足市场需要的产品的整个过程。在《中

共中央、国务院关于加强技术创新发展高科技实现产业化的决定》
（1999）中，将技术创新定义为"企业应用创新的知识和新技术、新工
艺，采用新的生产方式和经营管理模式，提高产品质量，开发生产新的产
品，提供新的服务，占据市场并实现市场价值"。

2. 技术扩散

技术扩散可以简单地理解为某种技术从一个地方转移到另一个地方，
或是从一个使用者转移给另一个使用者。这里扩散的对象是一种新技术以
及一个新产品或过程的构想、设计或加工制造方法。

技术扩散在技术进步过程中起着至关重要的作用。任何一项新技术在
得到广泛的应用和推广之前都不会以任何形式对经济产生影响。舒尔茨指
出，没有扩散创新不可能有经济影响（Metcalf J. C.，1984）。创新技术通
过技术扩散产生经济效益和社会效益，进而推进国家和地区产业技术进步
和产业结构的优化，促进国民经济的发展。罗葛（Roger，1983）把技术
扩散看成为一种过程，他把一个新的设想，从提出者的手中传播到潜在采
用者和最终使用者的过程视为技术扩散。他还特别提到技术扩散需要借助
一定的通路，他所指的通路即技术扩散途径。

3. 技术创新扩散

技术创新扩散是基于技术创新、技术扩散、创新扩散的基础上提
出的。

"创新理论"的创始人熊彼特（J. A. Schumpeter）把技术创新的大面
积或规模的"模仿"视为技术创新扩散（Dekimpe G.，Marnik M.，
2000）。舒尔茨认为技术创新扩散是基于一定渠道进行传播的创新信息或
创新技术，这个渠道可以是市场的也可以是非市场的。曼斯菲尔德认为技
术创新扩散是一个对新技术和新方法的学习过程。梅特卡夫把技术创新扩
散看做为一种选择过程，这个过程报告企业对技术的选择也包括客户对产
品的选择。企业为提高生产效率、降低生产成本而对不同层次的技术进行
选择的过程，最终企业会选择那些跟有利于自身发展的新技术；而客户也
更愿意选择那些品质好、价格低、技术含量高的新产品（武春友等，

1997)。傅家骥（1998）认为"技术创新扩散是技术创新通过一定的渠道在潜在使用者之间传播、采用的过程"，许庆瑞（2000）认为"所谓技术创新扩散，是指创新技术通过一种或几种渠道在社会系统的各成员或组织之间随时间传播并推广应用的过程。它包括四个方面的因素：创新技术、信息互动渠道、时间和社会系统"

二、技术创新扩散理论研究的发展历程

从 20 世纪初期到 20 世纪 60 年代末是技术创新扩散理论的形成阶段。这一阶段主要是理论的提出和研究方向的确定。熊彼特（1912）创立的创新理论，可以被看做是技术创新扩散理论理论研究的起源。而此后社会学家瑞言（Ryan）和哥罗斯（Gross）在夏威夷杂交玉米扩散的案例中对技术创新扩散的研究为此后的技术扩散的方法论和理论框架提供了范例（Gross，1995）。另外，其他学科的快速发展也为技术创新扩散研究提供了理论基础、研究方向和方法论的支持。创新性相联系的变量、创新技术的利用率、沟通渠道的作用、解释创新利用速度等的研究成为当时技术创新扩散研究的主要内容。

20 世纪 60 年代中期到 70 年代末是技术创新扩散的融合发展阶段。跨学科的技术创新扩散研究开始大量增加是这一阶段技术创新扩散研究最明显的特征。这一时期的技术扩散研究主要有两方面：一是案例实证研究；二是模型研究。这些研究渗透到各个学科当中，如在公共健康领域、教育领域等方面。而在模型研究上的进展则体现在 1969 年拜斯（Bass）模型的提出（Bass，Frank. M. A.，1969）和梅特卡夫（1974）建立技术创新扩散溢出模型。此后，经济学领域技术扩散研究的一个重要方向就是技术扩散的外在性。

20 世纪 80 年代至今是技术创新扩散研究的修正扩展阶段。这一阶段的特征表现为模型研究的进一步增加、研究领域更加宽泛；同时根据时代背景的不同，研究者们也对前人研究进行修正和扩展，使之更适应社会经济的发展。首先，模型的建立仍然是技术创新扩散研究最多最深入的一部

分内容。通过对拜斯（Bass）模型拓展和柔性化，形成了所谓的拜斯模型族（盛亚、武建中，1999）；其次，技术创新扩散的研究领域越来越宽，涉及技术创新扩散的含义、过程、影响因素、类型和模式、行为特征和机制等内容的研究。最后，理论工具的不断更新，也是这一阶段的特征，如博弈论的引入。学者们这一时期的研究已经不是简单的构建理论框架，他们还会进行大量的实证调查。他们通过对技术创新扩散大量的理论的、实证的和应用的研究，寻找技术创新扩散的规律（吕友利，2010）。

三、技术创新扩散的基本理论

在对技术创新扩散长期的研究过程中，形成了传播论、学习论、替代论、演化论四大理论学派。这些理论学派虽然研究视角和内容各不相同但却相互补充，极大地丰富了技术创新扩散研究的内涵（见表7-1）。

表7-1　　　　　　　　　　　主要技术创新扩散理论

理论学派	代表学者	代表模型	主要观点	技术创新扩散的概念
传播论	曼斯菲尔德（Mansfield E.）、罗杰斯（Rogers E. M.）	s型扩散模型	把扩散过程看做是一个传染病的"传染"过程，认为潜在采用者一旦获取到如新方法、新工艺、新技术等方面的创新信息就会立即采用，不存在等待或拒绝的情形	技术创新通过一定的渠道在潜在使用者之间的传播、采用过程
学习论	曼斯菲尔德（Mansfield E.）、曼斯通（Stoneman P.）	Baye模型	扩散需要时间；企业的采用行为是最优的假设	技术创新扩散是一个学习的过程
替代论	皮西尔-卜拉（Pisher Pry）	Pisher-Pry模型	新技术与旧技术之间的相互竞争，新技术以其优越性、经济性取代旧技术；侧重于时间替代模型	新技术替代就技术的过程
演化论	纳尔逊（Nelson R.）、温特（Winter G.）、梅特卡夫（Metcalf J. C.）	多技术扩散选择模型	把创新扩散与环境的变化、产业的演化、技术与经济的发展、社会的变迁等一系列复杂的相关过程联系	

资料来源：作者根据技术创新扩散理论相关文献整理。

四、技术创新 A－U 模型

技术创新 A－U 模型是 20 世纪 70 年代厄特巴克（Utterback J. M.）和艾伯纳西（Abernathy N.）在研究以产品创新为主的持续创新过程时提出的。A－U 模型分析的是产业技术创新分布形式。在这个模型中，他们认为企业和产业的成长阶段决定企业的创新类型和创新程度（Abernathy，William J.，1978）。并且，通过将产品和工艺的生命周期理论相结合，提出了技术创新的生命周期模式。在 A－U 模型中，作者具体的分析了技术变化过程各阶段的特点，尤其是创新的特点和类型。同时还分析了创新实现过程中的关键资源和必须解决的潜在问题 A－U 模型具体分析了各阶段创新激励的来源、创新的主要类型、生产线特点、生产过程特点、设备类型、材料类型、组织控制方式等（柳卸林，1992；Utterback，James M.，1999）。

A－U 模型提出后，这一模型在创新研究领域得到了广泛的应用，研究逐渐深入，并且取得了大量的成果。通过研究我们可以发现 A－U 模型的研究已经远远超越了对产品和工艺这两种创新形式分布的研究，学者们把市场创新、长周期状况、技术突变、产品生命周期、需求生命周期、不同国家的发展轨迹等方面纳入了技术创新研究框架，取得了深入的进展，对现实具有更强的指导意义。

第二节　产业区技术创新扩散阶段与路径

一、产业区内的技术创新扩散活动分析

现产业区内的技术创新扩散活动主要体现在以下四方面的技术创新活动中：

一是产品创新。一个产业区的竞争力最终是通过产品来实现的，只有生产出质量更优质、价格更低廉、适应性更强的产品，才能真正在竞争中

处于优势地位，因此产品的创新是产业区创新活动的重中之重。面对时刻在变化着的需求市场，生产出更受消费者青睐的产品，对企业和产业区至关重要。产品创新的途径是非常多的，可以包括产品外形、原材料、工艺等多方面的创新。首先，在外形上通过形状、颜色、大小等的创新，生产使用起来更方便、看起来更美观的产品。其次，在产品的原材料上通过引用更环保、成本更低、更有利于发挥产品性能的新型材料来进行产品创新。另外，还可以改进产品的加工工艺和技术含量来达到产品创新的目的。工艺技术的创新是生产出高质量产品的保障。也是提高生产效率，提高企业核心竞争力最为重要的因素之一。而技术工艺的创新又包括加工工艺创新、装配工艺创新等多个环节。产品创新的内容十分丰富，涉及产品的各个细节。

二是品牌创新。品牌是一种无形资产，品牌建设无论是对一个企业还是一个产业区都有着极为重要的意义。通过对我国产业区的研究可以发现，我国的大部分产业区在品牌建设上还有着相当长的路要走。大部分产业区是在承接国际产业转移的过程中发展起来的，产业区主要基于劳动力资本优势以代加工的形式为国外生产配件或者半成品，OEM 现象非常普遍，普遍缺乏自主品牌。在这种情况下，打造区域整体品牌促进产业区竞争力的提升，加快品牌创新成为产业区内主要任务之一。对具有自主知识产权的产品加以保护、申请驰名商标、提高产业区整体形象等都是品牌创新的重要内容。

三是职能创新。包括两个方面，即企业职能创新和政府职能创新。企业职能创新是指企业不能把企业盈利作为唯一目标，在新的竞争形势下，企业必须致力于品牌创新、区域整体创新的工作中来，为整个产业区的发展共同努力。政府职能创新则表现在从管到服务的转变上，政府应该从各方面对产业区的发展服务，为产业区的发展提供便利条件和政策保证。

四是产业链创新。从产业区的现有产业挖掘出具有市场价值的产业是产业链创新的重点。可以通过拓展其上下游产业，挖掘相关产业的方法来实现。比如，与现有产业有关的服务、培训类的产业。

此外，机器设备的创新、企业管理模式、销售模式的创新等各方面的创新都是产业区的技术创新活动。可以说，产业区的技术创新活动是涉及生产、加工、管理、销售各个方面，内容非常丰富。

二、产业区技术创新扩散阶段与路径

（一）技术创新扩散的阶段

一般把创新观念的扩散、创新技术的扩散、创新实施技术的扩散视为技术创新扩散的三个阶段。这三个阶段从时序上看是前后连接的过程。创新观念扩散是前提和开始，由此引发创新技术的开始扩散，而创新技术的扩散又要以创新实施技术的扩散作为实现条件。这三个阶段是缺一不可的。

1. 创新观念的扩散是技术创新扩散的第一步

在这个阶段中，创新信息通过各种信息传播渠道向外传播，这些创新信息由创新技术的供方向需方传递，它们直接或间接地对需求企业的决策者产生影响，并促使他们产生接受创新技术的观念。通常我们把这个过程称之为创新观念扩散。创新观念的扩散是技术创新扩散的开端，同样也是产业集聚的基础。在产业集聚的研究中可以发现，创新信息的扩散促使创新理念的形成，而在创新理念形成之后，产业区内的其他企业会希望与那些最先进行技术创新的企业建立合作关系，进行技术交流。创新企业因为技术创新而产生的经济效益和发展变化也会促使其他企业形成创新意识，并开始技术创新活动。创新观念的扩散还会给一些外部企业传递一个"有利可图"的信息，使他们希望并愿意进入到产业集聚中来，从事创新企业相关的上下游企业，进而扩展产业链，扩大产业集聚规模。

2. 创新技术扩散是创新技术的转移过程

在这个转移过程中，主体是创新技术的拥有者或者创造者，他们会将创新技术向外转移，而这一过程一般都是基于盈利或其他某种目的的。中介机构在这个过程中具有非常重要的作用，他们起着桥梁和纽带的作用，一般情况下这个过程不会直接完成，需要有中介机构的参与，但是创新成果直接由企业向其子公司扩散的情况除外。一般情况下，创新技术会最先在产业集聚区内部开始扩散。通过创新技术在产业集聚区内部企业间的直接转移，可以加速技术创新的扩散，也可以为产业区带来可观的经济效益，形成整体竞争合力。此外，产业区附近的科研机构、大中专院校、科技中介机构等作为创新技术扩散的又一主体，也会最先把创新技术向地理上靠近他们以及联系密切的企业转移。同样一些外部企业也会为了更容易接受到创新技术而加入到企业集聚区中来。

3. 创新实施技术的扩散是技术创新扩散的最后一步

这是技术创新扩散得以实现的保证，因而在技术创新扩散过程中保证创新实施技术的有效扩散对整个过程有着重大意义。它是指企业为采用创新技术而需具备的工程安装技术、生产组织技术和创新技术等。它的扩散过程包括为实现技术扩散而进行的组织机构调整、人员调整和培训、设备更新，等等。一项创新技术的采用必定要求企业在组织结构、人员配置、设备更新等多方面的内容做出相应的调整和变革。一是调整组织结构以适应新技术的需要；二是对工程技术人员进行培训，让他们了解和掌握新技术的知识和操作技能；三是更新和改造设备。

（二）技术创新扩散的路径

1. 产品流通的扩散路径

技术创新的载体是产品，产品及其中间品的流动就是创新的扩散。模仿行为被技术创新理论的创始人熊彼特认为是技术创新扩散的实质。某些企业因为率先实施某些新技术，并且这项新技术的实施提高了企业生产效率、降低了生产成本或者生产出一种从未出现过的新产品。这时率先使用新技术的这些企业的良好示范作用，就会促使其他企业纷纷进行模仿或复制，从而达到追求超额利润的目的。而大规模的模仿活动，以及其所带来的相关产业进步，会极大地促进地区经济繁荣。然而，随着大规模的模仿，利润逐步降低，创新的扩散将趋于饱和，直到出现更先进的技术来取代现有技术（见图 7 - 1）。

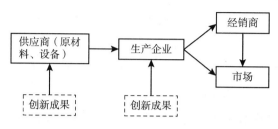

图 7 - 1　产品流通的扩散路径

随着竞争的加剧和全球经济一体化的发展，企业间竞争的内涵与之前有了很大的不同。以往企业间的竞争可能只是某个产品、某个生产环节、某项成本的竞争或者产品的差异化，而如今已经变成了一个完整的产业链的竞争。因此，我们会发现在一个产业链上的上下游企业间是有着共同的利益追求的，他们会共同承担成本和技术风险，共同维护产业整体竞争力，他们间是一种技术协作关系。研发—生产—销售的每个环节都会引起相关企业的共同关注。在这样的协作关系下，从上游的材料供应商到生产企业再到下游的分销商都会共同促进整条产业链的技术创新，上游企业会将技术创新成果向生产企业传递，下游企业会向生产企业反馈技术信息，而这些技术信息则会成为生产企业技术创新的信息支撑，为进一步的技术创新提供可能。

　　2. 科研中介机构的扩散路径

科技中介机构是为企业的技术扩散和技术创新提供智力和知识服务的中介组织，是市场中介和社会中介组织的交叉和延伸，它主要服务对象是技术创新主体。科技中介服务机构是技术创新扩散的纽带、桥梁和传递者。它在从创新成果产生到转化为经济价值的过程中为供需双方提供包括咨询、信息、场所等服务。科技中介机构不仅是一条联系供需双方的纽带，而且还为供需双提供咨询服务、技术评估、融资和培训教育等服务。

创新技术供方将创新技术传递给创新技术需方是基于科技中介机构的

技术扩散路径的主要方面。这个传递过程要求准确无误。而技术中介机构在这里就是一座桥梁。它把创新供方（如大企业、科研院所、大学等）的创新技术或创新成果传递给创新技术需方（一般是企业）。这些创新技术被企业应用到生产中，并实现经济价值。在这个传递过程中科技中介机构作用非常大，它强化了科技成果产业化的效能，为企业提供技术创新信息，也为技术的二次创新提供必要的信息基础（见图7-2）。

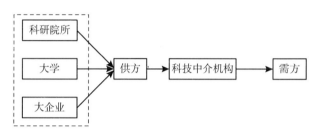

图7-2 科技中介机构的扩散路径

3. 人员流动的扩散路径

人才流动对技术创新扩散的作用非常明显。原企业人才可能因为一些原因离开原企业，他们的离开可能带走技术机密，尤其是核心技术人员的流动。一般企业人员流动的原因有：一是谋求自身更好的发展，一般是其他企业提供给他们更高的待遇和更大的发展空间；二是离退休人员重新就业，一些退休人员不愿意在家休息，可以利用自身的技术特长再就业；三是因为家庭原因，搬离原住地而选择离职，在新的地方重新就业。

企业会因为人才流动导致技术信息的流失或技术机密泄露，进而引起技术创新扩散。因为人员流动而引起的技术创新扩散主要有三种形式：一是原企业职工离职到新的企业就业，他们利用自己在原企业掌握的技术信息或技术机密为这些企业服务，产生技术溢出。二是职工离职后自行创业，用原企业的技术为自己创办的企业服务，创造经济效益，并且开始和原企业进行竞争。三是某些企业通过猎头公司，以更优厚的条件聘请其他企业中技术骨干为其服务，而他们看中的正是这些技术人员所掌握的技术信息（见图 7 - 3）。

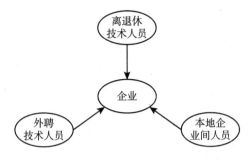

图 7 - 3　人才流动的技术扩散路径

第三节　溪桥小提琴产业区技术创新扩散与升级

一、溪桥小提琴产业区技术创新扩散

（一）准备阶段的技术创新扩散

1964 年，上海小提琴厂 2 名下放工人来到溪桥。创办了一个加工琴头弓杆等乐器配件的小作坊，当时员工仅 7 人。就是这个小作坊为溪桥小提琴产业区的发展奠定了基础。1970 年成立溪桥乐器配件厂，1973 年制造出了第一把小提琴，但是主要业务仍然是为上海乐器厂生产零配件。到1975 年，乐器厂添置部分设备，开始为上海提琴厂生产半成品。但是由于体制、市场等多种因素的作用，到 1979 年，乐器厂已经处于严重的亏损状态[①]。这一时期溪桥的小提琴制造困难重重，没有技术、没有市场、没有设备、没有人员，但是正是这个过程为溪桥小提琴的产业区发展奠定了基础。

---

① 溪桥调研访谈。

受社会政治环境的影响，产业区技术创新扩散非常缓慢，基本不与外界联系。当时因为政治原因他们与原厂也几乎没有联系。家庭关系、师徒关系是这一时期社会关系的主要组成部分，人在网络中起着结点的作用。手工作坊式的加工厂在缺乏设备的情况下只能生产相对简单的配件，如琴头、弓杆。工人们利用现有的工具进行生产，完全通过师傅带徒弟，口口相传方式传授技术。因为只是生产配件和半成品，而且加工工艺相对简单粗糙，上手比较快。虽然早在1973年溪桥就制成了第一把小提琴，但是在设备、原材料、市场等都相对缺乏的年代，溪桥还只是在为上海乐器厂加工半成品、零配件。

从技术创新扩散的阶段来看，这时溪桥产业区在创新观念、创新技术、创新实施技术等几乎很少。他们生产的产品技术含量低，基本类似于木匠的工作，上手快，技术创新扩散没有发展的空间。即使有少量的手工工艺的创新，也由于工人缺乏积极性难以扩散或者只在少数几个人之间交流。

从技术创新扩散的路径来看，这个阶段的技术创新扩散主要是基于人员流动的技术创新扩散。下放工人利用在上海学到的技术在溪桥创办手工作坊，并且他们作为师傅，把技术传授给作坊里的工人，促使了技术创新在溪桥的扩散。这时候的技术扩散是一种线性扩散。

当时的社会政治环境和经济环境对技术创新扩散既有消极的影响，也有积极的一面。计划经济时期，乐器生产都集中在国有企业，受国家计划的统一安排的影响，乡镇乐器厂的发展空间狭小。再加上当时的政治环境十分紧张，文化大革命的影响使得人们思想禁锢，少有创新。但是也正是这样的环境，溪桥小提琴产业才有了发展的可能。受上山下乡政策的影响，两名上海乐器的技术工人来到了溪桥镇，办起了小提琴生产作坊，主要生产零部件和半成品（见图7-4）。

由于加工的零部件和半成品相对简单，技术难度低，工人们只要通过简单的学习就可以上手，所以在这样的小镇才有发展起来的可能。

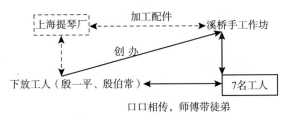

图7-4　准备阶段的技术创新扩散

（二）萌芽阶段的技术创新扩散

从1980年李书出任溪桥乐器厂副厂长开始，到1996年泰兴县溪桥乐器厂与美国 AXL 公司合作成立泰兴凤灵集团的这段时间是溪桥小提琴产业区的萌芽准备阶段。这一时期伴随着改革开放的春风，溪桥小提琴产业有了很大的发展。溪桥小提琴的发展首先表现为凤灵集团的发展壮大。1980年，李书对企业生产布局进行调整，并且开始参加全国性的商品交易会和广交会，初步打开了企业发展的局面。1985年又继续与上海乐器制造厂签订了十年合作协议。在多年的合作中，溪桥乐器厂与国内外公司建立了良好的关系。企业生产规模在这一时期也得到了较大的扩张。

企业与外部联系增多，给技术创新扩散带来了可能。溪桥乐器厂从生产配件和半成品到开始生产整琴，技术含量增加，工艺更复杂。技术创新和技术创新扩散成为企业的需求。

从技术创新扩散的阶段来看，表现最明显的是创新观念。企业和工人对技术创新有需求，他们希望通过技术创新提高生产效率，提高产品质量。在创新观念的作用下，企业和员工开始进行一些产品革新，技术创新通过产品向外扩散。

从技术创新扩散路径来看，主要是基于产品流通的扩散。在这个时期溪桥乐器厂一方面与上海琴厂继续合作；另一方面通过参加国内产销会和广交会打开国内和国际市场。一些包含着技术创新的产品，在参展过程中，因为产品的流通，创新技术得到了扩散，而客户和市场也会把创新信息反馈给乐器厂。

　　从技术创新扩散的影响因素看，社会经济因素、技术本身属性、企业家精神在这个时期对技术创新扩散的影响比较大。首先，社会经济因素，改革开放的大环境促使一切事物开始变革，人们从十年"文化大革命"的阴影中走出，渴望改变，支持变革。而溪桥也属于中国改革开放最早开始的地区之一，人们的思想相对开放，愿意接受新事物、新思想、新技术，为技术创新扩散提供了可能。其次，因为此时生产的产品已经是整琴，技术工艺相对复杂，增加了技术创新扩散的难度。企业家精神在这个时期表现突出，一些具有创新精神的管理者勇于改革，敢于创新，促进了产品的技术扩散（见图7－5）。

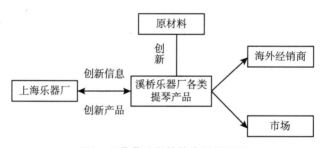

图7－5 萌芽阶段的技术创新扩散

（三）快速成长时期技术的发展创新扩散

　　从1996年泰兴县溪桥乐器厂和美国AXL公司合作成立凤灵乐器有限公司开始到2005年年底，是快速成长时期。凤灵集团的快速成长和企业的衍生是这段时间的主要特点。通过与AXL公司的合作，凤灵乐器厂50%的产品被销往国外。溪桥乡首先创办了两家乐器厂和一家乐器配件厂，在此后的几年间，陆续衍生了60多家乐器厂，凤灵集团也以每年20%的速度逐年提升。期间还伴随着企业产权的转变，2001年凤灵集团企业性质由集体转变为民营。企业的集聚，使得溪桥小提琴产业区的特征开始显现，2005年12月中国轻工业联合会授予溪桥"中国小提琴产业基地"的称号。

　　这一阶段产业区内技术创新扩散活动明显增加，技术创新扩散涉及提琴生产的各个方面，效果显著。但是在产业区内还没有高水平的研究机构和完善的中介机构。主要与上海、南京等大城市研究机构有联系，但联系也比较弱。区内企业与外部联系不多，技术创新扩散主要在产业区内进行，主要的技术扩散源就是凤灵集团。

图 7−6 所表述的是快速成长时期溪桥小提琴技术创新扩散网络图。凤灵集团作为主要的扩散源，技术创新先从凤灵集团向企业 A 扩散，之后，A 企业也被看做一个新的扩散源，向 B 企业扩散，如此向外传递。凤灵集团作为扩散源，也可能向多个企业扩散，如图 7−7。这个时期，科研机构、中介服务机构、金融机构在技术创新扩散的过程中发挥的作用还比较低。

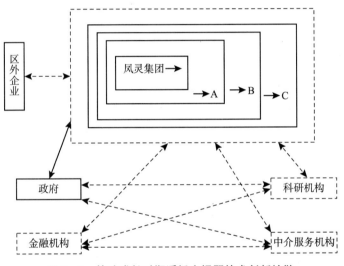

图 7−6　快速成长时期溪桥小提琴技术创新扩散

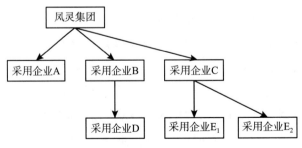

图 7−7　快速成长时期技术创新扩散

产业区在这个阶段的技术创新扩散路径是多样的。首先基于人员流动的扩散。这主要体现凤灵集团员工面对提琴市场需求不断扩大的形势，纷纷从原企业中出来。他们在原企业曾经是副厂长、销售科长、车间主任、技术员、业务员、职工等，利用各种办法贷款、合资筹办企业。他们在原凤灵提琴厂积累了很多提琴生产和管理的经验。从产品流通的扩散来看，企业间往往通过产品生产合作的形式。如凤灵集团在订单过剩的情况下，会将其转包给区内其他企业生产，凤灵集团对其提出质量和技术要求。这样也间接实现了技术创新扩散。

从技术创新扩散的影响因素来看，一是产业区的优越区位。溪桥作为上海经济腹地，接近市场。良好的地理通达性，创新信息更容易达到溪桥。二是政府行为。政府开始关注支持和鼓励乐器产业发展，并为其发展提供政策、资金等方面的支持。这在溪桥小提琴产业区的发展中尤为明显，如凤灵集团董事长李书 1996 年开始担任乡党委副书记、乡长一职，一手管政府一手管企业对产业区发展起到了极大的推动作用。三是企业家精神。溪桥小提琴产业的发展，产生了一批像李书这样的企业家，他们有着共同的愿望——将溪桥的小提琴产业做大做强。他们愿意接受创新，愿意接受新技术，也愿意促进技术创新扩散加速。

（四）转型升级时期的技术创新扩散

这一时期从 2006 年开始至今。溪桥小提琴产业区真正成为一个专业化的产业集聚区。这一时期溪桥小提琴产业区中中小企业持续衍生，产业区内专业化程度增加，创新活动涉及范围进一步拓宽。到 2010 年年底，溪桥已有提琴生产企业 98 家，相关配套企业 112 家①。区内企业与区外企业的合作与联系日益频繁，先进技术不断涌入。企业自主创新能力增强。2009 年年底中国轻工业联合会、中国乐器协会授予溪桥"中国提琴产业之都"的称号，促进了溪桥提琴产业和产业区的发展。

---

① 中国乐器年鉴（2011）。

产业区的技术创新扩散路径多样化，单向扩散、多向扩散、中介引导扩散模式共同存在。

这一时期技术创新扩散的影响因素，主要有：

（1）科技中介机构明显增多，并且真正意义上参与到技术创新扩散的活动中来。国内相关科研院所与凤灵集团广泛开展科研合作，相继研发《乐器声学品种检测系统》、《乐器材料微生物处理》、《提琴音质改良》、《生物和光电技术木材改性方法》等数十项填补国内空白的科技成果，创造出56项提琴、吉他等乐器方面的新产品、新材料、新技术国家发明专利与新型实用专利①。企业与高校、研究机构的合作更加频繁，如凤灵集团与上海音乐学校、四川音乐学院、中央音乐学院等高校均有合作，同时还聘请中央音乐学院郑荃做企业技术总监。其次，行业协会。中国乐器协会小提琴分会、溪桥小提琴行业协会，技术中心，检测中心等都能够在企业的创新过程中发挥很好的作用。凤灵集团本身是中国小提琴协会会员企业，集团董事长担任小提琴协会会长，自然十分重视利用好行业协会促进企业间、地区间的合作与交流。溪桥镇也有自己的提琴协会，由政府人员担任会长，专门负责协调产业区内企业间的交流与合作。最后，"江苏省乐器材料与技术应用工程研究中心"也在溪桥镇挂牌成立，凤灵集团2010年获泰州市政府"工程开发中心"授牌。

（2）政府的大力支持。政府在各个方面扶持和鼓励提琴产业的发展。在政策法规方面，2010年黄桥镇政府制定了《关于促进提琴产业做大做强的奖励意见》、在镇政府的帮助下泰兴乐器协会修改完成了《提琴行业管理办法》。溪桥的整个提琴行业从材料价格、品牌保护、人才流动、技术工艺等方面都得到进一步规范。

（3）企业家精神。一批企业家在努力创业、扩大企业规模的同时，不断改进产品质量，在产品零部件设计、产品规格和产品外观上不断创新，形成了一批专利和成果。

---

① 成吉昌．泰兴溪桥镇：小提琴奏出大产业．http：//www.cinn.cn/quy/gss/196981.shtml.

二、技术创新扩散下的溪桥小提琴产业区升级

（一）升级路径

技术创新扩散是溪桥小提琴产业区发展的一个重要因素。溪桥小提琴产业区要保持持续的创新能力，促进产业区转型升级。如何实现产业区的升级？关键的一点在于产业区内的企业必须把工业设计、技术创新作为企业竞争力的来源。由低附加值的组装加工生产，逐步提升为自主设计制造，最终创建自己的品牌，增加产品的附加值和提高其竞争力。在此基础上，加强产业区内各企业之间的知识能力交流和文化的渗透，促进企业、大学、协会、中介组织等之间的真正意义上的合作，促进"产学研"一体化模式的发展，有意识地促进产业区创新环境的形成。打破现有的低水平平衡，建立更高层次（创新层次）上的新平衡（见图7-8）。

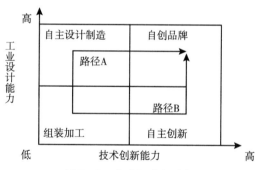

图7-8 产业区升级路径

参考谢洪伟，张红艳（2009）.

路径A：基于工业设计能力的升级。溪桥小提琴产业区生产的产品主要面对广大初级学习者，对技术含量和工艺的要求相对较低，产品的附加值也较低。溪桥小提琴企业要加大技术投入，提高产品的技术含量和工业设计能力，生产高品质的产品。

路径B：产业区内的企业间、企业与其他地区的企业建立起合作关系，在互动过程中，利用前、后向关联与外溢效应，通过企业管理者间相

互的知识、信息交流实现合作创新，或通过自主创新，或通过技术引进消化吸收再创新，进而提高产业区内企业的自主创新能力，最终实现自创品牌，增加产品附加值。

路径 C：路径 A 和路径 B 双向组合升级。溪桥小提琴产业区升级的路径 A 和路径 B 并不是相互独立的，产业区内企业针对不同的目标，根据实际情况选择不同的升级路径；即使针对某一特定目标，也可以同时选择路径 A 和路径 B 的组合策略，以获取更高的成效。

通过 A、B、C 三种升级路径，最终达到图 7 - 8 中最优创新环境，即产业区创新环境升级为较高端的平衡状态，使产业区竞争力达到最优，实现产业区的升级换代。

（二）技术创新扩散的保障机制

1. 建立技术创新服务体系

技术创新服务体系，是技术创新扩散得以实现的保障，在这个信息爆炸的年代，获取正确的以及有利于自身发展的创新信息和创新技术是技术创新扩散的前提。完善的技术创新服务体系有利于创新信息、创新技术的顺利流转，并真正发挥其预期作用，实现社会经济价值。

建立技术创新服务体系应从以下三个方面从手：

一是鼓励技术中介服务机构、行业协会和技术服务企业为中小企业提供信息、设计、研发、共性技术转移、技术人才培养等服务，促进科研成果。溪桥小提琴产业区经过这么多年的发展，技术中介服务机构已经开始发挥作用，但是这些机构的作用力并未完全发挥出来。很多科研成果往往在很长一段时间处于知识的状态，这就需要中介机构做好桥梁的作用，把那些有社会经济价值的技术创新成果扩散到需要的企业或地区去，而这样做的结果往往是三方都受益。

二是积极推动技术创新平台建设。鼓励企业和社会各方面积极参与中小企业公共技术平台建设。在溪桥，大部分的企业都是中小企业，这样的企业要什么都生产，从研发、设计、生产都要自己做，那必定造成资源的浪费。

他们完全可以依托凤灵集团，通过公共技术支持平台的搭建，进行分工协作。比如，像凤灵这样的大集团有自己的检测中心、工程技术中心是必要的，但是如果每个企业都去做这些，是不必要也是不可能的。他们可以通过技术公共支持平台的搭建，共用一部分资源，这样中小企业可以专注于生产。

三是鼓励大学、科研院所、大企业开放科研仪器设施，为中小企业服务。往往大学、科研院所、大企业有条件也有可能拥有一些高技术的科研仪器设施，而中小企业可能因为资金和自身规模的原因暂时没用或者不需要拥有这些设备，但是又不得不使用到这些东西。因而大学、科研院所或者大企业开放这些设施，对这些需要的企业就有着重要的意义。这里可以采用有偿使用的方法，实现双赢。

2. 建立新型人才培养机制

人是技术创新的主体，人才的培养在技术创新扩散中的作用是至关重要的。溪桥小提琴产业区面临着人才的培养问题。因为随着技术的进步，小提琴的生产已经不是单纯的手工生产了（高档琴除外），在生产过程中已经大规模地应用机器。对工人的知识和技能要求有了较大的提高。企业技术创新扩散的实现依赖于生产在第一线的员工运用知识和技能根据生产的需要进行研发，并进行交流和传播。目前，溪桥小提琴产业区面临人才培养不足的问题，影响了技术的创新扩散，因此要建立一种新型的人才培养机制。首先，建立人才定向培养机制。根据企业需要与附近大中专院校、职业院校合作，定向培养技术人员和管理人员，提高企业职工素质。在调研中我们得知凤灵集团现在新入职的管理员工都要求有大学本科及以上学历，而工人也一般要求初中以上。但是中小企业在这方面还有待进一步加强。企业可以为当地职业院校的学生提供实习机会和指导，这样企业可以发现一部分人才，同时还能建立良好的社会形象。其次，通过政府与企业合作引进专业人才，满足中小企业对技术创新人才的需求。在同等的工作条件下，人们更愿意选择到大城市发展，作为一个乡镇，溪桥在这方面无法与大城市相比。因此，有计划地以优越的条件引进人才并留住人才，是一项需要政府与企业合力完成的任务。最后，鼓励企业加大职工岗前培训和在岗培训。通过岗前培训使新入职工人掌握相应的技术技能，使工人迅速熟悉操作，防止因为技术不熟悉造成的浪费。技术是不断变化的，只有不断学习，才能掌握新技术并适应新的生产需要。

3. 培育活跃的企业家群体

创新与企业家精神密切相关、活跃的企业家群体是产业集群创新的重要源泉。因此，要通过积极建立技术共享、信息交流等支撑体系来帮助集聚空间内企业家的活动，培育活跃的企业家群体。

4. 充分发挥政府职能

政府在溪桥琴产业区的发展过程中扮演着重要角色，充分发挥政府职能是溪桥小提琴产业区发展的保障因素。首先，进一步完善法律法规，制定关于产业区发展的相关政策法规，将产业区的发展纳入到本地的国民经济和发展计划中来，制定出溪桥小提琴产业区发展专项规划，并且有计划有步骤地实施。其次，建立一个由政府牵头，产业区内企业共同参与的企业联合会。溪桥虽然已经成立了专门的行业协会，但是作用发挥较弱。因此，在现阶段，要发挥好政府的协调职能，并在适当的时候淡出。最后，直接的经济支持是促进小提琴产业技术创新扩散的重要保证，政府可以通过税收政策或直接经济补贴，全力支持中小企业发展。

参考文献

［1］Abernathy，William J. The Productivity Dilemma：Roadblock to Innovation in the Automobile Industry ［M］. Baltimore：John Hopkins University Press，1978.

［2］Bass，Frank. M. A new product growth model for consumer durable ［J］. Management Science，1969，15（5）：215－227.

［3］Freeman C. The Economics of Industrial Innovation，［M］. Cambridge：The MIT Press，1982.

［4］Metcalf. J. C. Technological innovation and the competitive process ［J］. Technology Innovation and Economic Policy，1984.

［5］Rogers E M. Diffusion of innovations ［M］. (3rd Ed）. New York：The Free Press, 1983.

［6］Roger. Diffusion of innovation ［M］. (4th Edition）. New York：The Free Press, 1995, 5 - 33.

［7］Stoneman. P. The economic analysis of technology policy ［M］. Oxford university Press, 1983.

［8］Utterback J. M. Innovation and Industrial Evolution in Manufacturing Industries. in B. R. Guile and H. Brook (eds.）：Technology and Global Industry：Companies and Nations in the World Economy, National Academy Press, 1987.

［9］厄特巴克著, 高建, 李明译. 把握创新 ［M］. 北京：清华大学出版社, 1999.

［10］傅家骥. 技术创新学 ［M］, 北京：清华大学出版社, 1998.

［11］吕友利. 高新技术企业技术创新扩散研究 ［D］. 西华大学硕士学位论文, 2010.

［12］盛亚, 吴健中. 新产品扩散的 Bass 模型族的研究 ［J］, 预测, 1999 (2）：71 - 74.

［13］武春友等. 技术创新扩散 ［M］. 北京：化学工业出版社, 1997.

［14］谢洪伟, 张红艳. 基于全球价值链理论的区域体育用品制造产业集群升级研究———以福建晋江为例 ［J］. 南京体育学院学报（社会科学版）, 2009, 23 (5）：41 - 44.

［15］熊彼特著, 孔伟艳, 朱攀峰, 娄季芳编译. 经济发展理论 ［M］. 北京：北京出版社, 2008.

［16］许庆瑞. 研究、发展与技术创新管理 ［M］. 北京：高等教育出版社, 2000.

［17］张金锁, 康凯. 区域经济学 ［M］. 天津：天津大学出版社, 1998.

［18］郑友敬. 技术进步跟踪系统研究 ［M］. 北京：社会科学文献出版社, 1994.

产业联动升级：扬州古筝产业区案例

第一节　产业联动与产业区升级

一、产业联动的内涵

"产业"是指具有某种同一属性的企业的集合。联动是指具有相互关联的事物，当其中一事物发生变化时其他事物也随之发生变化的情况，具有联系和互动之意。因此，从广义上说，产业联动是具有某种同一属性的企业之间相互关系的动态变化过程。在经济地理学和区域经济学中，产业联动一般指的是不同区域间的产业协调发展。有自发形成的，也有人为的以资源合理配置为目的而进行的规划。其内涵最早由石宏伟（1999）表示为一种产业联系的关系，其中高效的产业联系可以整合优势，获得"1＋1＞2"的乘数作用，即"结构效应"。吕涛等（2007）将产业联动定义为"基于产业关联的产业协同发展行为"。随后，产业联动更多地被理解为一种政府主导的区域经济发展策略。在产业合作、产业转移等现象出现之后，对地方经济可持续发展起到巨大的推动作用。

从产业联动的发生看，它是两个以上的企业或行业由于某种或某几种内在的或外在的因素联系在一起，从而产生相互影响（王飞，2005）。从产业链角度看，产业联动是以产业关联为基础，位于产业链同一环节或不同环节的企业之间进行的产业协作活动。从产业联动发生的范畴看，在广义上任何基于区域间的产业关联而进行的企业协作活动都属于产业联动的范畴（吕涛、聂锐，2007）。从狭义上看，可分为区域外部和区域内部的产业联动。叶森界定区域产业联动是指地理上相临近的两个以上相对独立的经济区域之间，而地方性产业联动的实质是一个相对独立的区域内部的产业合作，产业集群是其主要表现方式（叶森，2009）。

产业联动强调的是产业之间的互补、合作与相互协调、联合发展的关系（刘宁宁，2009）。是区域之间在区域合作基础上，以市场力为主导，借助行政力推动各种产业要素交流互动，同时以产业互为需要、互利共赢为目的双向互动的良性发展过程（沈正平、简晓彬、施同兵，2007）。此外，有学者将产业联动中的产业链看成一种互有关系的网络结构。认为它是介于市场和科层组织之间的具有产业和区域双重属性的松散网络（刘钊、马军海，2008）。

二、产业联动的相关概念

当前，对产业联动的研究还没有形成系统的理论体系。在实际应用中，产业联动常常与产业合作、产业互补、产业互动、产业转移和产业结构优化升级有着密不可分的联系。

产业合作注重产业之间市场、技术、原料、人才、资金等要素的相互交流与共享，以实际合作基础为前提，以共同的利益为契合点，强调互补性，与产业互补近似。产业互动强调了产业之间的双向相互作用，如互补、合作、竞争等。产业联动则是一个动态的过程，范围要大于前者，强调产业之间互动行为在时间上的一致性，联系上的紧密性，具有协同性和整体性的特点。因此，产业联动更具整体性，是三者之中最理想和最高的层次。产业联动与产业合作都是以区域之间产业联系和合作作为研究对象，在本质上并没有明确的区别，较多地倾向于企业之间的联系，而产业互动则更重视区域组织的作用。总体而言，区域产业关联、产业互补是产业联动和合作的基础，而产业联动和产业合作则是从不同侧面对区域之间的产业联系进行了说明。

此外，区域产业联动与区域产业转移、产业结构升级之间是相辅相成、相互促进的关系，与产业互动没有严格的区分，但又并非完全是产业的转移与承接（尹继东，2008）。积极的产业转移是区域产业联动的一种表现形式，也是区域产业结构调整升级的有效手段。区域产业转移往往会促进区域产业联动，而产业联动在一定程度上也是区域产业转移的高级化和最终目标。

三、产业联动的空间尺度

产业联动是指具有相互关联的产业之间的互补、合作与相互协调、联合发展。从空间范畴看，可以分为区域间的产业联动（全球尺度和区域尺度）和区域内的产业联动（地方尺度），它们的主要特征（见表8-1）。

表8-1　　　　　　　　　　不同空间尺度的产业联动

指标	全球尺度	区域尺度	地方尺度
空间尺度	宏观	中观	微观
联动本质	全球价值链分工与合作	不同等级产业集群之间的联系与合作	产业集群
联动主体	国家、区域、大型跨国企业	大型企业为主，集群中有活力的中小企业	中小企业
影响因子	经济发展水平、国家制度和政策	经济发展水平、产业关联度、基础设施、区域制度、政策、区域创新环境	产业关联度、基础设施、集群创新环境、社会文化环境
联动方式	全球产业转移、全球生产网络	区域性产业转移、产业联盟、区域生产联盟	产业集群、地方生产网络

产业联动可以分为四种形式：区域间的产业内联动，是地理上相临近的两个以上相对独立的经济区域之间相同产业的联动；区域间的产业间联动，是地理上相临近的两个以上相对独立的经济区域之间不同产业的联动；区域内的产业间联动，是一个相对独立的区域内部两个以上产业的联动；区域内的产业内联动，是一个相对独立的区域内部同一产业之间有相互关联的企业进行的产业协作活动，产业集群是其主要表现方式。

四、产业联动视角下的乐器产业区升级

乐器产业区的升级是从基于降低成本的产业联系发展为基于创新的产业联系，即从低成本的竞争关系为基础形成的高度集中发展为以技术创新和非技术创新为目的的合作关系，促进创新的非贸易依赖关系发展，加强信息交流和区域互动。基于创新的产业联系需要产业联动来实现。乐器产业联动实现的形式也分为四种（见表8-2）。

表8-2　　　　　　　　　　　乐器产业联动实现形式

形式	联动主体	共享形式
区域间的产业内联动	区域外同种乐器产业	共享技术、管理、市场等
区域间的产业间联动	相邻区域不同乐器产业	共享区域制度和政策环境
区域内的产业间联动	教育文化产业、旅游产业	共享区域创新环境
区域内的产业内联动	乐器制造相关企业、机构	共享产业内部合作成果

（一）乐器产业与区域外同种乐器产业的联动

每一种乐器产业在中国的分布都不止一处，每一处的优势也不同，它们之间是一种竞争和互相学习的关系。如何处理好不同区域同种乐器产业之间的关系，对乐器产业的发展至关重要。首先，要加强不同区域同种乐器产业之间的联系，这样才能互相了解彼此产业发展的优势和弊端，进一步结合本地实际发挥主导优势，生产各地特色产品，形成产品等级差，避免盲目恶性竞争；其次，各区域同种乐器产业可以凭借行业协会为桥梁，

顺畅沟通渠道，在原料供给上形成长期价格联盟，在人才培养、技术改进方面集体出资建立大规模有影响的专业研究机构，统一培养和研发，在技术检测标准方面达成共识，并以行业规范的形式固定下来。从竞争关系发展为以技术创新为主的合作关系，促进创新的技术依赖关系发展，加强信息交流和区域互动，提高乐器产业在国际上的整体竞争力。

（二）乐器产业与相邻区域不同乐器产业的联动

乐器产业特别是民族乐器产业之间由于地理、技艺、传统等方面的原因在很多方面都具有互通性。比如扬州的古筝产业和江苏泰兴溪桥小提琴产业地理位置相近，几乎同时出发上路，若干年过去了，泰兴小提琴产业已成长为世界最大的提琴生产基地，而有着两千五百多年历史的文化名城扬州，却未能实现自己的古筝规模产业的梦想，受到产业规模瓶颈、工艺标准不规范等问题的制约。在乐器产业发展的过程中，落后的乐器产业要积极跟规模乐器产业互动，特别是在政府重视程度、整体品牌形象塑造、龙头企业培养等方面主动学习。依托地理、技艺、市场等方面的联系形成地方乐器产业带，共享区域制度和政策环境，联动发展，实现共赢。

（三）乐器产业与区域内教育文化产业、旅游产业的联动

目前乐器产业在很多地方又被称作乐器文化产业，如扬州的古筝文化产业。文化产品有两类：一是服务产品；二是实物产品。文化服务产品的无形性是显而易见的，而文化实物产品虽然是有形的，但人们消费的不是它的物质外壳，而是里面的精神内涵。文化产品的这种无形性，使得其具有较强的渗透性，文化产业能和其他产业共生和融合，在发展中起到整合作用和"催化剂"作用。具体到乐器文化产业，文化产品包括制造的乐器和乐器演奏的培训。制造的乐器是实物产品，是有形的，但人们消费的不是乐器本身，而是它的演奏功能；乐器演奏的培训是服务产品，是无形的。乐器文化产业产品的这种无形性也使得其渗透性很强，可以和教育文化产业、旅游产业等进行联动、共生和共赢，形成区域创新发展环境，并

在这个氛围中促进区域地方文化的传扬。

乐器消费的特殊性决定了乐器产业与教育文化产业存在必然的联系，在很多地方被称之为特色文化产业。乐器文化的发展普及和乐器演奏的培训是乐器制造业发展的前提和基础。第一，要在政府相关部门的支持下，和专业研究部门合作，投入人力、财力广泛收集音乐和器材的相关史料及实物，通过研究和整理，出版多本介绍有关乐器的资料；第二，乐器制造产业要以行业协会为代表，加强与乐器演奏家、收藏家的交流和互动，听取他们对乐器的改良建议，不断提高乐器的品质，主动与中国一流的专业演奏团体建立协作关系，扶持较大规模的企业占领市场的制高点；第三，深入教育领域，从提供服务入手，建立指导企业与青少年宫和各类学校的联络关系，加强"学生群"的培养；第四，主动策划和参与社会文化活动，提高乐器产业的整体知名度。乐器行业协会牵头与当地音乐家协会一起在本地和其他城市共同举办乐器演奏比赛，推动这些城市的乐器普及工作，塑造区域乐器产业整体形象。

当代的乐器制作工艺、音乐欣赏、乐器培训具有很强的旅游价值，大力发展乐器工业旅游、欣赏游、培训体验旅游对乐器产业区整体吸引力的提升、整体文化氛围的优化具有极大的作用。第一，创办或者完善乐器博物馆的建设，一方面打造旅游文化资源和文化氛围，让更多的人从中学习、了解乐器涉及的文化、艺术知识；另一方面对乐器制作的改良与创新工作起到启示作用。第二，在政府部门的协调支持下，与旅游产业各个部门合作，如将乐器博物馆、乐器生产企业纳入本区域旅游线路中，打造乐器创意文化旅游线路，让更多的外地游客深入了解本地的乐器文化和乐器制作历史、技艺，塑造区域乐器整体品牌形象。第三，在当地特色旅游景点长期设置乐器演奏表演，并不断多样化和创新化，一方面提高目的地吸引力；另一方面促进当地的乐器文化宣传。

（四）乐器产业区内相关企业、机构的联动

目前我国乐器产业区的发展是靠同业或相关产业的企业由于区域内的

专业化劳动力市场、原料和设备供应商、市场、特殊的智力资源或自然资源、基础设施、政策激励等原因集聚在一起，形成了以低成本的竞争关系为基础的高度集中。但这些企业之间很少存在相互间的交易、交流与互动等联系，企业发展理念主要是竞争和兼并对手，或是在不同产品层次上的错位竞争。

以技术创新和非技术创新为目的的合作关系基础上形成的乐器产业区特征主要表现为产业区内企业间的互动及在互动中形成的产业关联，包括生产同类产品的本地同行企业之间横向产业关联及处于产业链上不同环节的供应商、制造企业、分包商、销售代理商之间的纵向产业关联。产业区中的技术来源于区域内单个企业、企业之间、企业与其他组织机构间互动所产生的技术以及区域外部技术学习。随着规模的扩张，产业区吸收了大量的外部技术成果，大大地提高了产业区的技术水平。通过企业间、企业与其他组织机构间相互合作、学习等互动过程，技术成果在产业区内得到了广泛的共享，促进了产业区内企业创新，而创新又将进一步提高产业区的技术水平，形成了一个良性循环过程。此时，低成本不再是乐器产业区参与竞争的基础，技术创新已成为推动产业区发展的主要动力，在产业区发展中的地位也越来越重要。

五、乐器产业联动的动力

（一）市场调节

利益联动是产业联动的重要内容。产业联动的形成机理包括耦合、互动、共赢三个环节，其中共赢是产业联动的利益保障。而对产业和企业来说，市场是最直接的共赢互利目标。对乐器产业区来说，不论是区域间乐器产业内的联动，还是区域内乐器产业和教育文化、旅游等产业的联动，共同的市场是联动的重要动力。

首先，区域间乐器产业内不同生产企业，最终的消费市场都是乐器演奏家和乐器爱好者，特别是同一种乐器的不同生产企业，虽然在技术、工匠技艺、标准执行、质量检测等方面存在不同，但共同的市场引导他们在这些方面互相学习共同提高。同时乐器消费市场分为乐器演奏家和乐器爱好者两类，这种特殊的市场细化也引导调节乐器的不同生产企业产品分为高端演奏型和低端普及型，避免由于短期利益造成恶性竞争。

其次，乐器消费具有特殊性，人们消费的不是乐器本身，而是它的演奏功能，因此在区域内乐器产业和乐器演奏培训、演出活动等教育文化产业的消费市场是一致的，促进"学生群"和"欣赏群"的形成和区域内文化观光旅游业活动的发展，是区域内不同产业的共同市场目标。

（二）政府支持

首先，随着我国市场经济体制的逐步形成，乐器产业的市场化和专业化程度不断提高，企业自主权增强，基于产业关联的产业联动也在不断增加。从宏观层面看，需要增进乐器产业主管部门之间和区域政府之间的沟通，打破产业分割和区域分割，创造有利于产业联动的政策环境。特别是区域间的乐器产业联动，更需要打破地方保护主义，寻求产业政策和区域政策支持。

其次，在区域内乐器产业和教育文化、旅游等产业联动的过程中，政府相关部门需要分析产业联动涉及的利益主体，包括乐器制造企业、乐器演奏培训机构、乐器研究机构、旅行社、旅游景区等。分析各个利益主体的利益需求，找出他利益需求的契合点，建立利益分享的机制，建立产业联动的组织协调机构，促进区域内产业间的互动和协作（吕涛、聂锐、刘玥，2010）。

（三）行业协会引导

在我国，乐器产业分为两类：一类是钢琴、小提琴等西洋乐器产业；另一类是古筝、二胡等民族传统乐器，既属于劳动密集型和资源消耗型产业，又具有技术、工匠技艺与艺术的结合的特征。对西洋乐器产业来说，中国大量承接了国际产业转移，发展了低档产品的大批量生产，从原材料初加工发展起组装生产，不掌握关键技术。民族乐器产业大多是自发形成的，主要是产业区缺乏人才；走低端道路；企业之间形成"扎堆"却缺少联系；甚至"逐底竞争"。在很多情况下，企业之间的合作只是偶然的，甚至不存在。虽然通常企业家在很近的地理范围内一起生活和工作，却很少共享信息、讨论共同的问题。企业之间出现恶性竞争。在产业联动的过程中，这些问题的解决亟待乐器行业协会的支持和引导。一方面要加强乐器协会组织建设，发挥其在企业间沟通交流作用，规范乐器生产标准，加强市场监督，引导乐器生产厂家走向正规化、规范化，并培养龙头企业的成长，率先品牌化，形成以大带小的良好产业区氛围；另一方面不断提高乐器协会的公信度和服务能力，组织产业区内乐器制造企业在原料购进、制造技术、人才培养、销售渠道等方面形成区域内完整的流通渠道和统一联盟，例如建立原料供应代理商，统一购进原料，由于需求量大可以适当降低价格，同时免去制造企业单独与供应商谈判的成本。

（四）居民参与

乐器产业区升级过程中的产业联动离不开区域内居民的参与，居民参与包括两种形式。首先，那些掌握着乐器制造技艺的居民对推动乐器制造技术的传承和改进起着决定性作用；其次，在区域内乐器制造产业和教育文化产业联动的过程中，乐器消费者是巨大的动力，把乐器制造和乐器演奏培训紧密地联系在一起，而当地居民是乐器消费者的主力军。

（五）机构介入

在乐器产业区中，乐器制造企业在地理上的集聚有助于他们的比较竞争，为了突出自己而产生一种强大的、内在的创新能力，但是在目前乐器产业区中大多是规模小的企业，明显缺乏研发能力和精力，所谓的企业创新不过是对乐器零部件的一些改进，对推动产业发展作用并不明显。在这种情况下，再加上制造企业间缺乏交流学习，使整个区域的创新能力十分有限。这就需要增加研发成本，积极吸引附近高校等机构的技术人才，并设立专门的研究和设计机构，为产业创新发展提供动力。

第二节 产业联动视角下的扬州古筝产业区升级

一、与上海、兰考古筝产业区的联动

我国古筝产业空间布局出现集群分布，扬州、上海和兰考为古筝生产的三个主产区。扬州古筝产业是依托区域传统文化和技艺优势自发兴起的，目前生产量最大但质量参差不齐、缺乏行业规范和标准，以小作坊独立生产为主，走低端道路。上海的古筝生产量仅次于扬州，有近十家古筝生产企业。上海民族乐器一厂和上海敦煌乐器有限公司（同为上海民族乐器一厂控股），这两家企业的古筝总产量占上海古筝总产量的80%以上，是目前国内生产规模最大、品种最齐全、技术和综合实力最强的民族乐器生产基地，具有技术、管理、品牌、市场营销、规模等方面的经验和优势。比如上海民族乐器一厂，古筝年销售量达5万台，在同行中位列第一。企业的技术骨干针对手工制作古筝生产效率低下的问题，大胆尝试组装式工艺生产，不仅提高了产品的生产效率，而且创建了标准化流程，实现了统一化操作和规模化生产。同时，他们依靠高技能员工研发高品质、高价位产品，增强了企业的竞争力。兰考被誉为"中国民族乐器桐木音板生产基地"，近年来，依靠原材料优势大力发展古筝产业。

通过以上分析可以看出，虽然三个古筝主产区存在竞争关系，但在共同的市场、技术改进、人才培养面前存在着联动合作的机遇和空间。

首先，上海古筝以大厂为主导，具有技术、管理、品牌、市场营销等方面的经验和优势，但是产量毕竟有限。乐器的技术升级不是一蹴而就，扬州一些小的古筝企业缺乏资金短时间也不可能研发，扬州古筝企业可以在行业协会的牵头下和上海民族乐器一厂建立长期生产合作关系，统一规定古筝生产标准和检测标准，在上海民族乐器一厂管理、技术指导下实现

专业化分工；古筝制造对于工艺技术要求很高，但扬州目前高技术的工人并不多，小作坊古筝企业的技术人才主要来自传统制作艺术的世代相传，传承过程中可能存在技艺流失的现象，大多数人没有经过系统培训只是学会模仿，严重影响了产品质量和扬州古筝整体形象，将扬州的传统技艺和上海先进的培训管理相结合，可以提高我国古筝产业人才的整体层次；在长期的交流互动中，扬州古筝制造企业才能全面认识自身条件，准确定位市场，自动形成产品等级差，避免一哄而上、恶性竞争。产业的升级、企业的出路在于市场，中低端市场不代表中低端技术和服务、缺少创新。需要对中低端市场进行分析，扩大市场规模，明确定位发展满足中低端市场需求。

其次，国外乐器制造已经实现了材料行业化，特别是欧洲专业化分工已经到了材料、辅料专业化极强的程度，不求大，有特色。中国乐器产业也需要材料的专业化，需要跨行业的专业化分工，边缘的、跨行业，而不仅仅是大而全，这也是一种升级的路径。古筝制造中的桐木最佳品种为兰考泡桐，兰考是中国最大的乐器面板基地，扬州古筝厂家多从河南兰考定点采购。在扬州古筝生产过程中，可以在行业协会的牵头下和兰考古筝原材料供应商建立长期价格联盟，统一购进原料打破原来单兵作战的局面，降低成本，增加竞争优势。

二、与泰兴溪桥小提琴产业区的联动

提到乐器生产地，人们自然而然地会想到江苏泰兴市溪桥镇。这里没有深厚的文化底蕴，也没有原料抑或是生产工艺的优势，却缔造出了"世界第一"的小提琴产业。通过对溪桥小提琴产业的研究可以发现，溪桥镇的小提琴产业以凤灵提琴厂为龙头，带动周边小企业的发展及上游产业的发展，整个乐器的发展是以产业链的发展为最终目标。而扬州的古筝产业，虽然企业数量多，生产规模大，却缺少龙头企业，缺乏有绝对优势的企业来整合资源，产业进入门槛低，生产厂规模良莠不齐，企业之间缺乏互通协作，各自为政，走小而全的道路，重复投资建设，浪费资源。企业间的竞争关系要大于相互合作的关系。在这种情况下，产品的创新受到了极大地制约，而创新对于产业而言相当于新鲜的血液，缺少新鲜的血液，产业的发展最终将会走向停滞甚至是衰退。

扬州古筝产业可以依托地理邻近优势，加强跟泰兴溪桥小提琴产业的交流、学习和合作。首先，扬州古筝生产企业的主要工作是制作和组装，并且每个企业都在进行类似的整套工序，没有形成区域部门分工。政府部门应该加强对古筝产业的重视，积极向溪桥镇取经，在保持企业间竞争的同时选择有发展潜力、具备带动实力的企业，协助其发展成为产业的龙头，带动区域内专业化分工和规范意识，打破"小散乱"的局面，实现产业链整体发展的目标。通过单个企业的"专"和整个区域的"全"，以及单个企业的"小"和整个区域的"大"，创建区域特色品牌，从而增强扬州古筝产业区的整体竞争力。其次，依靠扬州泰兴地理邻近优势，共同打造苏中乐器产业带，在乐器文化氛围、区域品牌地位方面形成互带作用。

三、与产业区内教育文化产业的联动

扬州古城虽然文化底蕴深厚，但在 20 世纪 70 年代初期以前古筝制作工艺并未形成。扬州古筝产业区是在"弘扬古筝艺术"和"引进古筝制作技艺"两方面共同作用下起步的。自张弓先生等人研制出第一代扬州古筝，并"一手抓产品，一手抓培训"，将古筝艺术和古筝制作技艺推广出去，推动了扬州古筝制作手工作坊的复制与发展，可以说古筝产业的发展和教育文化产业是密不可分的。

第一，培养古筝培训市场。古筝产业强烈依赖古筝培训市场，在当地应深入教育领域"从娃娃抓起"，积极开展古筝培训，从提供服务入手，帮助各区青少年宫和中小学校建立青少年古筝乐队，营造地方古筝学习氛围，塑造扬州"古筝文化之乡"的形象。同时让一批高水平的扬州古筝教师能够将古筝演奏带出扬州市，进入全国市场，特别是开拓北方市场。扬州古筝在全国制造是一个点，但是演奏不是，名家集中在北京。比如古筝教学在北京市 500～800 元/节，在扬州 300 元/节却没人来学。现在是扬州经济与文化进入空前发展的最佳时机，应该紧紧抓住有利时机，努力将扬州打造成中国古筝培训基地，使扬州古筝产业的产业链得以延续。

第二，发展区域古筝文化。在政府部门的支持下，与专业音乐研究部门合作，收集古筝音乐和古筝器材的史料及实物，通过研究整理出版发行，让更多的人了解。在对现行从事扬州古筝艺术演奏、学术研究、制作人员以及企业进行普查、建档的过程中发现人才。依托扬州传统文化和技艺优势建设中国琴院，吸引更多的演奏家、收藏家经常在这里交流，提升扬州古筝文化氛围，使之成为全国乃至全球古筝爱好者的向往之地。并以此为契机加强古筝制造企业与演奏家、收藏家的交流和互动，听取他们对古筝的改良建议，不断提高古筝的品质，主动与中国一流的专业演奏团体建立协作关系，扶持较大规模的企业占领市场的制高点

第三，促进古筝文化传扬。除了固定举办古筝文化节、推广古筝文化，承办古筝全国性比赛、古筝等级考试等，更要积极走出去，在行业协会牵头下与当地音乐家协会一起在其他城市共同举办古筝演奏表演，推动这些城市的古筝乐器宣传工作，主动与消费者沟通，了解他们的需求和意见，在满足不同消费需求的同时向品牌精品化方向发展，塑造扬州古筝产业整体形象，为古筝产业发展营造良好的文化氛围和品牌形象。

四、与产业区内旅游产业的联动

根据扬州的实际情况，采用"古筝与旅游产业联动"模式可以有效地结合古筝产业和旅游产业，从而促进两者协同发展。旅游产业是一种无烟产业，污染小，创效大，在旅游中传扬古筝文化容易被更多的人接受。古筝制造工艺具有较高的艺术、历史和文化价值，其向旅游方向的延伸可依托风景名胜区的开发，扩大效应。积极挖掘古筝文化的内涵，多元开拓古筝文化的旅游价值，走"文化传扬与旅游产业联动发展"的模式。

第一，景区旅游资源开发。扬州自古以来凭借古典、柔美的形象吸引了全国乃至世界的游人，古筝文化跟园林文化、早茶文化一样都是扬州珍贵的旅游资源。在扬州加大文化与旅游有机融合，试图从旅游城市向城市旅游转型的过程中，应该促进古筝文化与园林文化、早茶文化的融合，使

之成为扬州城市旅游的"名片"，一方面提升古筝文化的氛围；另一方面全面提升城市品质，实现扬州旅游的成功转型和跨越式发展。比如在瘦西湖、个园、何园等著名景区，富春茶社、冶春茶社等百年老店常年设置古筝表演，并不断多样化和创新化，不但促进了古筝文化宣传，而且丰富了游客的享受，提高了旅游目的地的吸引力。

第二，打造古筝创意文化旅游线路。建立古筝文化产业园区，将古筝制造企业、油漆、绘画、工艺品装饰等配套产品企业、古筝培训机构、古筝名家工作室等吸引进来，建立古筝专业市场，打造古筝文化旅游资源，把古筝文化产业园区、古筝博物馆、古筝专业市场和传统景点相结合，打造古筝创意文化旅游线路，让更多的外地游客深入了解扬州的古筝文化和乐器制作历史、技艺，塑造扬州古筝整体品牌形象。

第三，完善古筝博物馆的建设。通过建设古筝博物馆，融古筝的历史、文化、技术、社会积淀延续的产物为一体。因为古筝旅游产品不能停留在看一下古筝产品和制造企业，更需要整体挖掘古筝文化内涵，促进古筝文化的传扬。建设古筝博物馆，使博物馆成为展览、保存、研究古筝文化的中心。博物馆可分设古筝曲谱展览馆、古筝制造流程演示馆，古筝发展历史展览馆，古筝名家资料陈列馆等，把中国古筝文化发展通过实物陈列、照片展示、模型、声光电等多种形式予以展出，使游人通过看、听讲解、亲自动手等形式，受到古筝音乐的熏陶，感悟古筝文化的魅力。

五、与产业区内相关机构间的联动

扬州古筝产业区内企业之间形成"扎堆"却缺少联系。在很多情况下，企业之间的合作只是偶然的，甚至不存在。虽然企业家在很近的地理范围内一起生活和工作，却很少共享信息、讨论共同的问题。产业区的升级要求建立以技术创新和非技术创新为目的的合作关系，这就需要区域内相关企业、机构在互动过程中，利用前、后向关联与外溢效应，通过企业管理者间相互的知识、信息交流实现合作创新，或通过自主创新，或通过技术引进消化吸收再创新，进而提高产业区内企业的自主创新能力，最终实现自创品牌，增加产品附加值。

首先，在技术创新方面。产业区技术创新最大的原动力是内部不断的集体创新与突破。一是搭建集体创新平台。积极建立信息交流、技术共享体系，促进产业区内企业家的交流，培育活跃的创新集体；加强专业人才的流动，促进区内企业间的技术学习和创新；积极引导企业与高等院校与科研机构的合作，加快创新技术的应用。二是必须在更高层次上加强软环境的建设形成鼓励创新、保护创新的大环境。政府应该对生产技术信息中心、标准、测试和质量控制中心、产业研究与开发实验室等组织机构的发展提供资金和管理上的帮助。三是乐器的技术升级不是一蹴而就，一些小的古筝企业缺乏资金且在短时间内也不可能研发，在保持企业间竞争的同时选择有发展潜力、具备带动实力的企业，协助其发展成为产业的龙头，带动区域内专业化分工和技术改进，打破"小散乱"的局面，一方面实现垂直的产业链联系，加强企业间的交流；另一方面分头实行技术改进，实现产业链整体发展，从而提高区域创新能力，不断促进技术升级。

其次，在非技术创新方面。一是加强品牌建设。通过参与国家或行业标准的制定等，推动企业从无牌、贴牌向有牌转变，进而争创国家知名品牌，实现从省市级品牌到国家级名牌的提升。在此基础上，以政府引导、中介促进、企业自主结盟为原则，推动企业建立营销联盟，延伸产业链，促进名牌产品企业的多层次、全方位联合协作，实现品牌资源共享，促进区域形象升级。二是细化市场定位。扬州古筝制造企业大部分是中小企业，要全面认识自身条件，准确定位市场，自动形成产品等级差，避免一哄而上、恶性竞争。产业的升级、企业的出路在于市场，中低端市场不代表中低端技术和服务、缺少创新。一方面要结合产品质量、品牌的现状，对中低端市场进行细分，扩大市场规模，满足中低端市场的需求；另一方面，要借鉴国际发展历程和趋势，在大部分走中低端的基础上，力争使部分品牌进入高端。

参考文献

[1] 简晓彬，沈正平，刘宁宁.产业联动对新型工业化的作用分析

［J］. 商业时代，2009，（24）：104 - 105.

［2］刘钊，马军海. 产业联动网络及其形成演进机制研究［J］. 国家行政学院学报，2008，（6）：104 - 107.

［3］刘宁宁. 区域产业联动的内涵与机制探析［J］. 理论前沿，2009，（6）：22 - 23.

［4］吕涛，聂锐. 产业联动的内涵理论依据及表现形式［J］. 工业技术经济，2007，26（5）：2 - 4.

［5］吕涛. 产业联动的内涵理论依据及表现形式［J］. 工业技术经济，2007，（5）：2 - 4.

［6］吕涛，聂锐，刘玥. 西部能源开发利用中的产业联动战略研究［J］. 资源科学，2010，32（7）：1237 - 1244.

［7］石宏伟. 实施"产业联动、优势整合"大力培育发展边缘性优势产业［J］. 经济问题，1999，（5）：56 - 59.

［8］王飞. 产业联动项目中的经济分析与评价［D］. 天津：天津大学，2005.

［9］尹继东. 区域产业互动的条件、方式及策略［J］. 商业时代，2008，（25）：84，110.

［10］叶森. 区域产业联动研究——以浦东新区与长三角地区 IC 产业联动为例［D］. 上海：华东师范大学，2009.

结　论

自改革开放以来，在我国广袤的土地上，如雨后春笋般地出现了众多的乡镇乐器产业区。著作从我国八个典型乡镇乐器产业区的变迁入手，分析了我国乡镇乐器产业区变迁的特点、动因和问题，从三个不同的视角研究了我国乡镇乐器产业区升级的路径。由于乐器产业本身的特殊性，使得我国乡镇乐器产业区的发展既具有一般性，又具有特殊性。

从一般性来看，我国乡镇乐器产业区和其他部门的产业区具有发展上的相似道路。表现在：

（1）形成时间的一致性。我国乡镇乐器产业区基本上是在我国改革开放后形成的。在 1984 年以前，我国乐器制造业发展缓慢。1984 年到 1992 年，在一些乡镇出现了乐器制造的集体和私营企业，但数量少。1992 年以后，我国实行社会主义市场经济体制，民营经济迅速崛起，国有和集体乐器制造企业纷纷转制，一些国有企业在改制过程中与外国企业合资形成了合资企业。乐器制造企业的数量显著增加。

（2）产业特性的一致性。无论是西洋乐器制造业，还是民族乐器制造业，在我国乡镇均表现为劳动密集型产业。很多生产环节都是由人工完成的，劳动力不需要很高的文化素养。甚至在一些关键环节，如调律，农民工凭经验也能完成。与西方乐器生产相比，这种劳动力特点不能不说是个奇迹。

（3）产业区组织特征的一致性。从产业区的形成和演化来看，区内乐器制造业绝大多数是原来的一家或几家大企业衍生出来的，企业主为原来企业的技术工人、中层管理人员等。这些衍生出来的企业规模小，分布集中，大多集聚在原来的大企业周围。

（4）企业家群体特征的一致性。我国乡镇乐器产业区变迁与我国农村工业化的进程相似，农民企业家在其中发挥了重要作用。乡镇乐器产业区企业，无论是改制企业，还是合资企业均由农民企业家来完成。这些农民企业家的共同特点一方面表现为具有创业精神和敬业精神；另一方面他们不懂乐器行业，当然更不会演奏乐器。他们也认识到这些不足，把希望寄托在下一辈身上。

与发展的相似道路相联系，我国乡镇乐器产业区具有发展问题上的相似性，表现在：

（1）走低端道路。由于我国乡镇乐器制造业发展时间短，技术水平低，在国际国内市场上处于不利的竞争地位，因此很多企业选择走大众化路线，主要生产普及型乐器和学习型乐器，而不去生产高端的演奏型乐器。产品的附加值低，企业生产以数量取胜。

（2）劳动力素质低。乡镇乐器制造业的员工主要来源于周边农村，再加上企业很少对员工培训，因此劳动力文化水平低，同时也由于是邻里乡亲，导致企业难以管理。

（3）多为贴牌生产。乡镇乐器产业区企业一开始就与贴牌相伴而生。尽管一些企业发展壮大了，但是创立品牌不是件容易的事。再加上企业发展上的路径依赖，企业贴牌生产的困境难以改变。很多小企业具有小富即安的思想，根本无意于去做品牌，甚至一些较大规模的企业也因为国外的订单充足而放弃品牌路线。

（4）企业创新能力差。我国乡镇乐器制造业的创新意识普遍不够，目前的创新只是停留在外观上，如颜色、形状等。企业基本上没有研发团队，研发经费的投入严重不足。

（5）中介机构不健全。我国乡镇乐器产业区一个普遍的特征是行业协会发挥作用弱，或者没有，存在政府承担行业协会职能的现象。缺少风险投资机构，企业存在融资难的情况。

从特殊性来看，和其他产业相比，我国乡镇乐器产业区具有发展道路上的优越性，表现在：

（1）容易形成产业网络。乐器不同于一般的消费品，消费者购买乐器后要经过培训才能使用，因此乐器产业与教育文化业存在紧密的联系。同时，乐器产业与电子信息业、新材料业、物流业、环保业、研发和设计行业、旅游业联系紧密，通过产业间的联动，容易形成产业网络，促进区域经济的快速发展。

（2）市场潜力大。我国乐器产品的主要消费群逐年增加，主要包括：在校学生（他们构成主要的消费群体）、离退休人员组成的"银发群体"和中青年的在职人员等。和发达国家相比，我国家庭平均拥有的乐器数量非常低，随着人们生活水平的提高，乐器制造业前景广阔。

（3）满足人民群众的文化生活需求。乐器产业又被称作乐器文化产业文化产品有两类：一是服务产品；二是实物产品，文化服务产品的无形性是显而易见的，而文化实物产品虽然是有形的，但人们消费的不是它的物质外壳，而是精神内涵。文化产品的这种无形性，使得其具有较强的渗透性。人们消费的不是乐器本身，而是它的演奏功能，及其产生的精神愉悦性。

改革开放以来，经过三十多年的发展，我国乡镇乐器产业区进入了发展期，和其他制造业产业区一样，也面临着转型升级的问题，产业区变迁路径存在分岔。研究认为：产业区在变迁过程中，或因创新而升级，或因非创新而衰退，或因被国外企业兼并和企业转移而消失。产业区路径实现取决于以下几个方面：

（1）国际市场的风云变幻。在西洋乐器产业区，企业对国际市场有很深的依赖性，他们主要靠国外的订单而生存。一旦国际市场发生动荡，对企业发展非常不利。企业要尽早摆脱国外企业订单的控制，建立自己的营销渠道，并进行品牌建设。

（2）国内市场的竞争。虽然国内市场广阔，但是企业的竞争却在加剧。由于大企业具有先发优势，对中小企业的不利是明显的。面对国内乐器生产的重新洗牌的呼声，中小企业要认清现状，尽快摆脱贴牌生产，加强创新，在一定的环节形成竞争优势。

（3）寻找产业区创新的源泉。创新通常是在研究与开发活动之外，在生产实践中发生的，在干中学习，在用中学习，对原有技术进行改组和传播，并创造新的生产方法和新的消费方式，它是渐进和持续的过程。对企业而言，创新模式与企业组织及生产方式之间存在密切的联系，对乡镇乐器产业区而言，是加强各种组织之间的相互作用，形成学习型区域。

后　记

应该说，本书的完成深受北京大学王缉慈教授的影响和鼓励。王缉慈教授是在国内外享有盛誉的产业集群专家，同时她又是一名具有较高水平的长期的音乐爱好者（尤其擅长手风琴），她在多种场合提及乐器产业的研究。近年来，她两次被邀请到浙江师范大学进行学术讲座，均提及乐器产业。我对产业集群的研究一开始就受到她的著作《创新的空间》的启发，加上自己对乐器产业研究的兴趣，便开始了项目的申请。2010年，项目《乡镇乐器专业化产业区的变迁和升级》顺利获得了浙江省自然科学基金的资助。

在浙江省自然科学基金（项目批准号：Y5100215）的资助下，项目组对中国乡镇乐器产业区进行了分析和筛选，最终选定了扬州古筝产业区等八个产业区进行调研。

2010年4月初，一个草长莺飞的季节，项目组来到扬州。在扬州旅游局领导的支持下，项目组访谈了刘扬、曹华和其唐姓师弟等艺术大师，访谈了扬州华韵乐器有限公司董事长田步高，实地考察扬州华韵乐器有限公司及一些中小企业，在扬州市区体验了扬州的古筝古韵。

2010年9月底，项目组在北京专门请教了中国乐器协会秘书长曾泽民和副秘书长丰元凯，获得了中国乐器发展情况的全面认识。

2010年10月中旬，项目组参加了上海举办的中国第九届中国乐器展览会，深入访谈了陈海伦董事长（中国海伦股份有限公司）、陈惠庆副总经理（上海乐器协会会长，上海钢琴厂）、李书（中国提琴协会会长，凤灵乐器有限公司董事长）、陈莲琴总经理（杭州嘉得威钢琴有限公司）、王永和总经理（南京舒曼钢琴有限公司）、尹林涛执行董事（霍金斯乐器有限公司）、迟兵经理（营口大成乐器）、嵇新华（德清华乐钢琴有限公司）和邝树伟（广州市天艺电子有限公司）。聆听了中国乐器协会秘书长曾泽民、副秘书长丰元凯和中央音乐学院教授的报告及嘉宾讲话。

2011 年 1 月上旬，项目组实地考察了德清县洛舍钢琴产业区，访谈了湖州杰士德钢琴有限公司总经理鲍海尔、德清县乐韵钢琴有限公司董事长章顺龙、德清县华美罗宾钢琴有限公司总经理陶妙新、湖州华谱钢琴有限公司总经理姚晓林等。

2011 年 3 月中旬，项目组再次来到洛舍镇，受到了时任德清县洛舍镇书记王有娣、时任洛舍镇镇长沈月强等热情接待。项目组对洛舍镇钢琴产业区的情况有了进一步了解。

2011 年 3 月下旬，项目组对江苏省溪桥镇（现并入黄桥镇）小提琴产业区进行了调研。在黄桥镇镇府的大力支持下，项目组访谈了副镇长钱春荣、凤灵集团的副董事长钱富民、琴艺乐器有限公司的总经理李飞、高思佳乐器箱包有限公司总经理徐文杰。项目组还参观了凤灵集团的提琴博物馆。

2011 年 6 月中旬，项目组受中国轻工业联合会、中国乐器协会领导的邀请，参加了余杭区中泰乡"中国竹笛之乡"评审会，并考察了多家竹笛企业和苦竹产业基地，听取了中泰乡小学的笛子教学音乐课。

2011 年 6 月底，项目组考察山东省潍坊市鄌郚电声乐器产业基地，鄌郚镇党委书记郭曙光给予了大力支持并接受了访谈。在乐器行业协会王永德主任的带领下，项目组访谈了潍坊惠好乐器有限公司董事长刘志江、盛大音响有限公司董事长秦素莲、昌乐县东方乐器厂负责人李培臣（鄌郚镇乐器产业基地的创始人）、潍坊宏韵乐器有限公司董事长冯桂玲、兴旺乐器厂及配套企业——昌乐耀峰乐器配件厂负责人。

2011 年 10 月中旬，在上海举办的中国第十届中国乐器展览会上，项目组首先走访了天津静海乐器产业区的多家企业，主要包括子牙镇盛兴乐器厂董事长王泽云、宏艺乐器厂厂长王家彪和星凯乐器配件厂厂长刘若军、李汉林；中旺镇鹦鹉乐器董事长罗松森、总经理罗金琦；蔡公庄镇圣迪乐器董事长王玉春、奥维斯乐器董事长张国民。其次，项目组走访了北京平谷区东高村镇的多家企业，受访企业家包括北京艺苑乐器制造有限公司董事长刘建立、北京长安乐器有限公司厂长陈宝清、北京华东乐器有限公司总经理刘云东、北京艺声苑乐器公司董事长秦长立等。另外，项目组还访谈了山东郯城的一些二胡生产企业。原本计划去天津静海、北京东高村镇及山东郯城实地调研，但听说主要乐器企业均来上海参加展览会，所以项目组赶到上海，没有进入乐器制造车间。

经过近两年的时间，项目组完成了这本著作。著作内容共八章，由项目组人员分工写作而成。分工如下：第一章（朱华友、肖惠天）、第二章（朱华友、刘金俭、肖惠天）、第三章（武志强、朱华友），第四章（俞国军、朱华友）、第五章（第一节：朱华友；第二节：沈璐、朱华友；第三节：姚思佳、朱华友；第四节：朱华友、吕飞；第五节：陈庆、朱华友；第六节：姚思佳、朱华友；第七节：俞国军、朱华友；第八节：谢维、朱华友）、第六章（俞国军、朱华友）、第七章（沈璐、朱华友）、第八章（吕飞、朱华友）、结论（朱华友）。

著作的完成，要感谢上述八个乐器产业区所在地区的领导、艺术大师和企业家，感谢他们的无私帮助和支持配合。这里要特别感谢北京大学王缉慈教授，她那高风亮节的设计指导并亲自参与了项目研究的全过程；还要特别感谢中国乐器协会的曾泽民秘书长和丰元凯副秘书长，为我们的调研和研究提供了很好的平台。

需要指出的是，著作中研究的乐器产业区均分布在我国东部沿海地区，但在我国中西部同样分布有很多的乐器产业区，由于时间、精力等原因未能进行研究，这是一个遗憾，也是今后进一步研究的方向。

作者

2012 年 6 月